MELANIE KLEIN

Autobiografía comentada

Blucher

MELANIE KLEIN

Autobiografia comentada

ORGANIZADOR
Alexandre Socha

COMENTÁRIOS
Claudia Frank
Izelinda Garcia de Barros
James Gammill
Liana Pinto Chaves
R. D. Hinshelwood

TRADUÇÕES
Elsa Vera Kunze Post Susemihl
Paulo Sérgio de Souza Jr.

Melanie Klein: autobiografia comentada
Copyright © 2019 Alexandre Socha (Org.), Claudia Frank, Izelinda
Garcia de Barros, James Gammill, Liana Pinto Chaves, R. D.
Hinshelwood

Editora Edgard Blücher Ltda.

1ª reimpressão – 2020

Imagem de capa: Melanie Klein. Cortesia de Césura Edition.

Dados Internacionais de Catalogação na Publicação (CIP) – Angélica Ilacqua CRB-8/7057

Klein, Melanie, 1882-1960
    Melanie Klein : autobiografia comentada / Melanie Klein ; organização de Alexandre
Socha ; textos de Claudia Frank... [et al] ; tradução de Elsa Vera Kunze Post Susemihl, Paulo
Sérgio de Souza Junior. – São Paulo : Blucher, 2019.
    220 p.

    Bibliografia
    ISBN 978-85-212-1855-5 (impresso)
    ISBN 978-85-212-1856-2 (e-book)

    1. Klein, Melanie, 1882-1960 – Autobiografia 2. Psicanalistas – Áustria – Autobiografia
3. Psicanálise I. Título. II. Socha, Alexandre. III. Frank, Claudia. IV. Susemihl, Elsa Vera
Kunze Post. V. Souza Junior, Paulo Sérgio de.

19-1431   CDD 921.3

Índices para catálogo sistemático:
1. Psicanalistas – Autobiografia

Blucher

Rua Pedroso Alvarenga, 1245, 4º andar – 04531-934 – São Paulo – SP – Brasil
Tel.: 55 11 3078-5366 – contato@blucher.com.br – www.blucher.com.br

Segundo o Novo Acordo Ortográfico, conforme 5. ed. do *Vocabulário Ortográfico da Língua
Portuguesa*, Academia Brasileira de Letras, março de 2009.

É proibida a reprodução total ou parcial por quaisquer meios sem autorização escrita da editora.

Todos os direitos reservados pela Editora Edgard Blücher Ltda.

Conteúdo

APRESENTAÇÃO
Melanie Klein, personagem de si mesma 7
Alexandre Socha

AUTOBIOGRAFIA DE MELANIE KLEIN
Comentários iniciais (2016) 27
R. D. Hinshelwood
Autobiografia (1959) 31
Melanie Klein

COMENTÁRIOS
A abordagem do material clínico conforme Melanie Klein . .89
R. D. Hinshelwood
Citizen Klein. 111
Liana Pinto Chaves

Melanie Klein (1882-1960): um "gênio feminino" ou um
"antigênio"?. 133
Claudia Frank
Melanie Klein: mulher, mãe, psicanalista. 167
Izelinda Garcia de Barros

Apêndice
Algumas recordações pessoais sobre Melanie Klein 187
James Gammill

Cronologia 217

Apresentação

Melanie Klein, personagem de si mesma

ALEXANDRE SOCHA[1]

Poucos meses antes de completar 78 anos, Melanie Klein (1882-1960) decidiu reunir em um texto único uma série de fragmentos esparsos que vinha escrevendo. Em alguns, contava a história de seus familiares e de sua própria infância, tendo como pano de fundo a Viena do final do século XIX. Em outros, falava sobre seus "anos de formação", sua aproximação com a psicanálise e as passagens por Budapeste e Berlim, antes de fixar residência em Londres. Em suma, fragmentos de memórias, colhidos em diferentes momentos, e que em novembro de 1959 serão finalmente organizados por Klein, editando, suprimindo repetições e acrescentando ao texto novas passagens. Essa versão integral, assim como os fragmentos que lhe deram

---

1 Psicanalista, membro da Sociedade Brasileira de Psicanálise de São Paulo (SBPSP).

Melanie Klein: autobiografia comentada

origem, foi encontrada entre seus papéis após o seu falecimento no ano seguinte.

Havia muito a autora já não era a pequena Melanie
Reizes, a quem decidiu priorizar na narrativa, e sim a res-
peitável sra. Klein, criadora de um dos sistemas conceituais basilares da psicanálise e de uma técnica que ampliou
seu alcance ao tratamento de crianças e de pacientes psicóticos. Embora houvesse se tornado, desde seus tempos
berlinenses, uma figura imponente na comunidade psicanalítica, Klein era também uma pessoa bastante reservada
e discreta em relação à sua vida pessoal. Adorada à exaus-
tão por seus simpatizantes e detratada por outros como
herege do cânone freudiano, sabia bem o quanto sua personalidade forte podia despertar paixões fervorosas. Em
certa medida, isso contribuiu para que ela se tornasse ainda mais conscienciosa com a própria imagem, algo a ser
levado em conta tanto no conteúdo do seu relato autobiográfico quanto na própria decisão de escrevê-lo.

Em uma carta enviada a Adrian Stokes[2] no dia 11 de
dezembro de 1952, Klein exprime algumas preocupações
relacionadas a essa questão:

> Devo agora abordar um assunto difícil. Você se lembra-
> rá de que quando falamos sobre o retrato inacabado você

---

2 Adrian Stokes (1902-1972) foi um eminente crítico de arte inglês. Após um
   período de análise com Klein, tornou-se seu amigo pessoal e contribuiu
   para a difusão de seu pensamento no meio artístico.

sugeriu que, se eu quisesse que ele fosse destruído, você o consentiria. Sinto-me mal pois sei que é uma obra de arte e me desagrada a ideia de que ela seja destruída. Mas tenho convicção de que não desejo mantê-lo como um registro meu e, como ambos sabemos, é isso que afinal poderá acontecer.

Minha família e amigos não gostariam que eu fosse perpetuada por esse retrato. Além disso, estou ciente de que as pessoas que nunca me viram possuem de mim uma concepção fantasiosa como pessoa em conexão com meu trabalho, e certamente não desejo reforçar isso deixando para trás uma pintura que o confirme. (Sayers, 2012, p. 123)

Sete anos antes de sua compilação autobiográfica, portanto, Klein já se propunha a selecionar um "retrato oficial" condizente com seus propósitos. O pedido levemente constrangido ao amigo se dirige efetivamente à posteridade, ao modo como ela será lembrada pelos seus e também por aqueles que nunca a viram. Convergem ali o sentimento da finitude e o anseio pela perpetuação do legado de sua vida e obra. Confiante de que suas ideias sobreviveriam, Klein declarava não desejar que uma "concepção fantasiosa" de sua pessoa interferisse na apreensão de seu trabalho. O tom da carta nos remete àquela imagem alegórica do escritor que destrói seus manuscritos inconclusos (ou indiscretos), para que no futuro um pesquisador inconveniente não os encontre e publique em livro aquilo que nunca fora destinado a tanto.

Melanie Klein: autobiografia comentada

Estaria a *Autobiografia* de Melanie Klein nesta mesma condição, a de um retrato indesejado, cujo destino era na realidade ser destruído? Ou seria antes um autorretrato delineado em concordância com as preocupações expressas pela própria autora nessa carta?

PERCURSOS E CONTRADIÇÕES

Embora nunca houvesse sido publicada integralmente, a *Autobiografia* sempre foi velha conhecida dos psicanalistas kleinianos. A atual versão foi enviada por Betty Joseph em 1962 para Roger Money-Kyrle, que coordenava na época a edição das *Obras completas de Melanie Klein*, para que ele avaliasse sua possível inclusão. Money-Kyrle optou por não o incluir e manteve o manuscrito em seus arquivos pessoais, onde permaneceu até seu falecimento, em 1980, quando seu espólio foi encaminhado à Biblioteca Wellcome. Já os fragmentos avulsos que serviram para compor a versão integral continuaram nos arquivos de Klein, conservados pela mesma biblioteca.[3] O conjunto foi amplamente utilizado pelos comentadores de sua obra, sendo citado, direta ou indiretamente, em praticamente todos os trabalhos de relevo que se dispuseram a

---

3 Em 2013, Janet Sayers e John Forrester reuniram esses fragmentos em ordem cronológica e publicaram sua transcrição em *The Autobiography of Melanie Klein. Psychoanalysis and History*, 15(2), 127-163, Edinburgh University Press.

integrar dados biográficos às suas contribuições teóricas e clínicas.

De fato, até a pesquisa histórica realizada por Phyllis Grosskurth e publicada em 1986 no livro *O mundo e a obra de Melanie Klein*, a narrativa autobiográfica se manteve como o principal registro a respeito de sua vida. Tamanho valor documental não impediu, contudo, de jamais ter sido publicada em versão integral e de ter ficado assim inacessível ao grande público. Apenas recentemente o texto foi disponibilizado online pelo Melanie Klein Trust,[4] com outros valiosos documentos digitalizados do seu acervo. A omissão de um texto que tanto contribuiu para moldar a imagem de Klein para as gerações futuras é no mínimo curiosa. Como compreender que as memórias de uma das grandes pensadoras do século XX tenham ficado à margem de seu corpo de trabalho, restritas a breves citações ou menções à sua existência?

Não obstante o reconhecimento legítimo da autoria e o uso recorrente do texto em pesquisas, uma grande parte do grupo kleiniano considerou que a *Autobiografia*, em sua totalidade, não fazia jus à estatura de Melanie Klein, destoando consideravelmente do tom arguto dos seus artigos psicanalíticos. Talvez com receio de que tais memórias servissem como expediente para novas difamações, optou-se, em relação ao âmbito pessoal, pela

---

4 Ver http://www.melanie-klein-trust.org.uk.

mesma disposição reservada que a autora adotara ao longo de sua vida.

Outro ponto deve ainda ser acrescentado. Durante a escrita da biografia de Klein, Grosskurth teve acesso a documentos e cartas familiares mantidos pelo filho mais novo, Eric, e deparou-se com algumas incongruências entre o conteúdo destes e sua narrativa autobiográfica. Algumas lembranças de Klein sobre seu passado remetiam antes a fabulações, como ilustra o exemplo emblemático do "bilhete de loteria premiado". Este supostamente permitiu uma condição financeira mais confortável, tornando-se um ponto de inflexão na vida familiar (p. 34). Segundo as informações encontradas pela pesquisadora, o dinheiro na verdade foi fruto de um empréstimo de Hermann, tio de Melanie Klein (irmão mais novo de sua mãe), e a dívida que jamais deixou de ser por ele cobrada tornou-se um verdadeiro calvário para a família Reizes. Grosskurth dedicou-se então a uma leitura investigativa da *Autobiografia*, apontando cada desacordo entre ela e aquilo que assumiu como verdade histórica a partir das missivas. Seu resultado tornou evidente o quanto as relações familiares na infância e juventude de Klein foram muito mais difíceis do que ela mesma talvez pretendesse expor em seu relato.

O trabalho de Grosskurth foi um marco na historiografia psicanalítica, revelando, por exemplo, que os primeiros pacientes de Klein haviam sido os seus próprios filhos.[5] Embora tenha gerado relativa polêmica, tal descoberta em nada comprometeu a credibilidade desses primeiros artigos. Antes, permitiu a eles novas leituras e ampliou chaves de compreensão, corroborando assim a percepção de que "os grandes analistas que renovaram a psicanálise abrindo novos domínios de investigação psíquica fizeram isso ao transformar seu segredo e sua paixão em objetivo epistemológico" (Kristeva, 2000/2002, p. 54).

Algo semelhante talvez ocorra com a *Autobiografia*, caso sua leitura vise aquilo que ela de fato mostra e a natureza daquilo que ela de fato é.

O GESTO AUTOBIOGRÁFICO

Toda narrativa autobiográfica implica, antes de mais nada, um trabalho implícito de reconciliação do autor com sua trajetória. Acontecimentos longínquos e impressões dispersas são reagrupados em um conjunto que se pretende coerente, sendo desse modo recriados durante o próprio ato de sua escrita. Mais ainda, pelo recorte específico de suas memórias o autor depura uma versão própria de si mesmo. É nesse sentido que uma autobiografia "não nos mostra o indivíduo visto de fora em suas ações visíveis, mas em sua privacidade interna; não como

---

5 Cabe ressaltar que esta era uma prática não tão incomum nos inícios da psicanálise, como demonstra a análise de Anna Freud, conduzida por seu próprio pai.

Melanie Klein: autobiografia comentada

ele foi, não como ele é, mas como ele acredita e gostaria de ser e de ter sido" (Gusdorf, 1956/1980, p. 45). Ela é então menos um resgate do passado do que sua reconstrução atual, permeada pela expressão de fantasias e lampejos de um mundo interno, muitas vezes apenas acessível por vias tais. Ontem, hoje e amanhã se entrecruzam no momento de sua escrita; e, embora possa referir-se reiteradamente ao "antes", o tempo do relato autobiográfico é sempre o do "agora". Ao tomarmos a prerrogativa de que é em torno desse "agora" que se constrói e reconstrói o ato rememorativo, eventuais incongruências como as relatadas por Grosskurth passam a adquirir outro relevo.

De um ponto de vista documental, o historiador tem pleno direito de questionar e verificar a precisão objetiva de um testemunho, seja este sobre si mesmo ou sobre outros. Mas o leitor que aceita tacitamente o "pacto autobiográfico" (Lejeune, 1975/2014) reconhece de modo intuitivo no diálogo interno de uma narrativa memorialística que seu valor de verdade não pode nunca ser julgado no mesmo tribunal que o da verdade histórica dos fatos. É antes uma verdade íntima que dá vida ao texto e que permite o vislumbre de seu interior.

A confusão parece residir no fato de uma autobiografia ser assumida como "biografia escrita pela própria pessoa", aplicando a ela a problemática historicizante intrínseca ao gênero biográfico. Na qualidade de gênero próprio, não destituído de sua especificidade, a concepção de autobiografia colide frontalmente com os questionamentos voltados à sua verdade histórica. Nela, a noção de *veracidade* é suplantada por outra, a de *autenticidade*, em um referencial, aliás, bem mais afinado com o da escuta psicanalítica.

Desse modo, não é desprovido de significado o fato de Melanie Klein ter privilegiado em seu relato o período da infância, ou antes, o infantil.[6] Pioneira na análise de crianças, Klein abriu novos territórios para a exploração do funcionamento mental e da realidade psíquica provenientes dos primeiros anos de vida. Durante quatro décadas, dedicou-se à investigação minuciosa das raízes de ansiedades arcaicas e lançou bases sólidas para sua compreensão, tanto no atendimento de crianças quanto no de adultos. Suas reminiscências infantis podem até soar por vezes ingênuas ou idealizadas, mas emanam um caráter emocionalmente genuíno que lhes garante firme esteio. Ancoradas no momento em que foram escritas, trazem consigo o contexto do envelhecimento e a proximidade da morte: ao final de sua vida, a sra. Klein e a pequena Melanie encontram-se lado a lado, juntas.

A questão levantada anteriormente, quanto a este ser ou não um texto voltado à publicação, perde assim um tanto de sua força. Poderíamos argumentar que Klein não destruiu os dez fragmentos que escreveu ao longo de

---

6 Torna-se ainda mais sugestivo quando o comparamos ao tom heroico e desbravador encontrado em *Um estudo autobiográfico* (1925) de Sigmund Freud, escrito por volta de seus 69 anos.

Melanie Klein: autobiografia comentada

quase seis anos; possibilitou, inclusive, que uma versão integral, datilografada, fosse facilmente encontrada com outros trabalhos seus que acabaram sendo publicados postumamente. Poderíamos ainda acrescentar que toda escrita almeja e se destina a um leitor, mesmo que imaginário. Nesse caso, o texto seria talvez o retrato harmonioso que Klein pretendia deixar à posteridade, aos netos a quem se refere no último parágrafo, e aos futuros colegas, "descendentes" psicanalíticos. Porém tais argumentos talvez façam pouco mais do que tangenciar aquilo que se encontra no cerne do gesto autobiográfico: o debruçar-se sobre as próprias memórias como um modo de apegar-se à vida, bem como de despedir-se dela.

Em uma de suas últimas anotações para a elaboração de um artigo que pretendia escrever sobre religião e memória, Klein reitera que "esquecer alguém é matá-lo no inconsciente" (Grosskurth, 1986/1992, p. 481). E não seria a escrita um derradeiro recurso na luta humana contra o esquecimento?

Capítulos e composição do livro

A construção de uma teoria ou conjunto de ideias nunca ocorre em um vazio; ela se faz por intermédio de múltiplos fatores e atravessamentos – afetivos, institucionais, políticos, culturais, além dos mais obviamente científicos. Tais fatores nem sempre são considerados na transmissão conceitual em psicanálise, podendo levar à falsa impressão de que entre o divã do analista e a sua escrivaninha nada mais existe. Articular o pensamento de um autor com a sua vida e com o ambiente em que floresceu é sempre uma tarefa árdua, ainda que imprescindível para uma compreensão não dogmática de suas contribuições. Contudo, o entrelaçamento de elementos da vida pessoal com a metapsicologia elaborada por um autor não se realiza sem grandes riscos. Cabe àquele que se dispõe a tanto o cuidado constante para que esses elementos não promovam o esvaziamento reflexivo mediante um culto à personalidade, nem transformem uma discussão fértil em um compêndio de anedotas para animar conversas de salão.

Nesse sentido, tornou-se fundamental que a publicação da *Autobiografia* de Melanie Klein – a primeira em português – viesse acompanhada não apenas por notas explicativas que ambientassem o leitor, mas também por comentários de colegas com longa experiência na prática e no ensino da teoria kleiniana. Foram convidados quatro autores para que tecessem considerações a partir das memórias de Melanie Klein, estabelecendo com esse texto um diálogo criativo. Em cada comentário, determinado aspecto presente em suas memórias foi eleito ponto de partida para o exame dos princípios que nortearam o desenvolvimento de sua obra.

R. D. Hinshelwood, cujas notas introdutórias elaboradas para o Melanie Klein Trust em 2016 também foram aqui incluídas, apresenta no texto inédito "A abordagem do material clínico conforme Melanie Klein" reflexões sobre o lugar atribuído à ansiedade dentro do pensamento kleiniano e sobre o modo como interpretá-la a um paciente em análise. Em uma revisão pontuada por dados históricos, o autor destaca o afastamento de Klein da teoria dos instintos freudiana e o deslocamento do foco analítico para a construção de narrativas (ou protonarrativas) que exprimem um mundo de relações objetais e fantasias inconscientes. Nesse caminho, o autor observa como a ausência de uma formação acadêmica médica pode ter desempenhado um papel na sua nova apreensão dos fenômenos psíquicos.

Já em "Citizen Klein", Liana Pinto Chaves aborda a *Autobiografia* como um retorno às origens e um acerto de contas de Klein com os seus objetos internos e externos, aprofundando o tema da finitude que perpassa essas reminiscências. É o que lhe permite concebê-la como uma espécie de espelho invertido do *Cidadão Kane* de Orson Welles, repisando um caminho marcado por rupturas e perdas. Ao mesmo tempo, o texto autobiográfico de Klein parece formar um conjunto com outro artigo, "Sobre o sentimento de solidão" (apresentado por ela no mesmo ano de 1959), convergindo nas conclusões a partir dos aportes de sua vida privada.

Claudia Frank, que há muitos anos se dedica à pesquisa sobre as origens dos conceitos kleinianos, oferece em seu "Melanie Klein (1882-1960) – Um 'gênio feminino' ou um 'antigênio'?" uma visão panorâmica de suas principais contribuições. O mapeamento criativo da perspectiva kleiniana é feito por meio de suas correspondências e pontos de intersecção com o livro *Sobre os sonhos* (1901) de Sigmund Freud, o primeiro contato de Klein com a psicanálise. É também apresentado um breve contexto da absorção de suas ideias na Alemanha pós-guerra por meio do enfrentamento de um "Hitler interno", conforme descrito em uma nota inédita de Klein, incluída aqui pela autora.

Em "Melanie Klein: mulher, mãe, psicanalista", Izelinda Garcia de Barros recupera o romance familiar kleiniano para dele retirar a experiência visceral da maternidade como a condição que possibilitou inovações no campo psicanalítico. Ao encontrar na análise com Ferenczi um ambiente propício para a apreensão das vivências arcaicas próprias ao puerpério, Klein pôde lançar-se a uma compreensão dos próprios filhos, como demonstra em seu primeiro trabalho clínico, para dali fazer emergir uma concepção original da psicanálise de crianças e do "infantil" no adulto.

A transcrição dos fragmentos autobiográficos, publicada por Janet Sayers e John Forrester, foi amplamente utilizada tanto na elaboração das notas adicionadas a essa versão integral como em alguns dos comentários que a seguem. Com isso, oferecem também ao leitor aquilo que foi suprimido na edição final realizada por Melanie Klein, acrescentando outras nuances à sua leitura.

Foi ainda incluído como apêndice deste livro o relato de James Gammill, "Algumas recordações pessoais sobre

Melanie Klein", homenagem que lhe prestou em um congresso de 1982. Embora não se refira diretamente à *Autobiografia*, seu texto compartilha com ela de um mesmo *ethos* rememorativo e, em certo sentido, também a complementa. Gammill foi supervisionando de Klein entre 1957 e 1959, período que, curiosamente, coincide com a escrita do texto autobiográfico. Através de suas lentes, vemos Melanie Klein como uma supervisora atenciosa e encorajadora, desfiando abertamente opiniões pessoais sobre a história do movimento psicanalítico e seus protagonistas. O relato de Gammill supre certas ausências da *Autobiografia*, como o encontro entre Klein e Freud ocorrido em 1922, os embates com Anna Freud, ou sua versão da recepção hostil que sua obra obteve na América do Norte (destino migratório de muitos psicanalistas da Europa continental na década de 1930). Enfim, Melanie Klein, personagem de Gammill, acaba criando um contraponto interessante com outra Melanie Klein, a personagem de suas próprias memórias.

Melanie Klein, hoje?

A radicalidade das concepções desse "gênio feminino", como a descreveu Kristeva, provocou uma verdadeira convulsão no pensamento psicanalítico de seu tempo. O modo como elas foram absorvidas, no entanto, chega a tornar difícil aos psicanalistas atuais uma percepção acurada de sua presença. Muitas de suas formulações foram deglutidas pelo *corpus* psicanalítico e servem ainda hoje como nutriente para a prática clínica e a metapsicologia que dela provém. Já em 1979, Hanna Segal observava que

> a influência de suas teorias e de sua técnica propagou-se muito além dos que são conhecidos hoje como "kleinia- nos". Numerosos analistas trabalham atualmente com ideias e métodos derivados do pensamento de Klein, muitas vezes sem se aperceberem da origem dessas ideias. (1979/1983, p. 147)

O referencial kleiniano encontrou na América Latina talvez sua mais forte acolhida fora de seu local de origem. A partir dos anos 1950, Brasil e Argentina tornaram-se importantes polos de difusão e estabeleceram intercâm- bios contínuos entre seus principais autores. A apreensão e a transmissão do pensamento de Klein, no entanto, so- freram transformações, à medida que ele foi sendo incor- porado pela realidade local dos psicanalistas brasileiros e exposto às subsequentes reformulações *pós-kleinianas*.[7] Esse longo processo acabou criando em nossas terras uma tradição arraigada, em que periodicamente ressurge e se renova o interesse pela leitura de sua obra. Com efeito, vinculados ou não ao kleinismo, somos todos de alguma forma atravessados pelos seus desdobramentos.

---

7 Uma exposição mais abrangente deste tema pode ser encontrada em Abrão, 2013.

Melanie Klein: autobiografia comentada

No obituário dedicado a Melanie Klein, Wilfred R. Bion, Herbert Rosenfeld e Hanna Segal (1961), três de seus mais eminentes colaboradores, declararam que "o futuro mostrará o quão profundamente ela influenciou a direção e o crescimento da teoria psicanalítica e estendeu os limites de sua prática" (p. 4). Um vaticínio que o tempo veio a comprovar plenamente e, ao que tudo indica, permanecerá válido aos psicanalistas das gerações vindouras.

Referências

Abrão, J. L. F. *A difusão do pensamento kleiniano no Brasil*. São Paulo: Arte & Ciência, 2013.

Bion, W. R., Rosenfeld, H., & Segal, H. (1961). Melanie Klein. *International Journal of Psychoanalysis, 42*, 4-8.

Grosskurth, P. (1992). *O mundo e a obra de Melanie Klein*. Rio de Janeiro: Imago. (Trabalho original publicado em 1986).

Gusdorf, G. (1980). Conditions and Limits of Autobiography. In J. Olney (Ed.). *Autobiography: Essays Theoretical and Critical*. New Jersey: Princeton University Press. (Trabalho original publicado em 1956).

Kristeva, J. (2002). *O gênio feminino: a vida, a loucura, as palavras* (Tomo II: Melanie Klein). Rio de Janeiro: Rocco. (Trabalho original publicado em 2000).

Lejeune, P. (2014). *O pacto autobiográfico*. Belo Horizonte: Editora UFMG. (Trabalho original publicado em 1975).

Sayers, J. (2012). "Dear Stokes": Letters from Melanie Klein about writing, painting and psychoanalysis. *Psychoanalysis and History, 14*(1), 111-132. Edinburgh University Press.

Segal, H. (1983). *As idéias de Melanie Klein*. São Paulo: Cultrix/Editora da Universidade de São Paulo. (Trabalho original publicado em 1979).

AUTOBIOGRAFIA DE MELANIE KLEIN (1959)[1]

Tradução: Elsa Vera Kunze Post Susemihl

---

1 Publicada mediante autorização do Melanie Klein Trust.

Comentários iniciais (2016)

R. D. HINSHELWOOD

Estas notas autobiográficas foram encontradas nos arquivos do Wellcome Trust em Londres e compreendem a versão de um texto no qual Melanie Klein estava trabalhando no final de 1959, um ano antes de sua morte. Parece se tratar de uma compilação final de muitas notas que ela havia escrito ao longo do ano.

Conforme fazia com a maioria de seus escritos, também aqui Melanie Klein escreveu diversas versões e guardou a maioria delas. No presente caso, ela datilografou várias partes em separado, antes de compilar esta versão final. As partes iniciais compostas de fragmentos podem ser encontradas em seus arquivos no Wellcome Trust e foram registradas e publicadas como dez "Fragmentos", na revista *Psychoanalysis and History*, por Janet Sayers e

John Forrester,[1] registros que serão valiosos para a presente compilação. A versão "final" aqui apresentada não se encontra nos arquivos de Melanie Klein, mas em outra coleção do Wellcome Trust – nos arquivos de Roger Money-Kyrle. É essa, sem dúvida, a razão pela qual ela não consta na publicação de Sayers e Forrester (2013). Nos "Fragmentos" há uma série de repetições, mas seu conteúdo é semelhante à presente versão compilada, ainda que Klein tenha acrescentado alguns detalhes durante o processo de compilação.

A presente versão foi enviada por Betty Joseph a Roger Money-Kyrle (RMK) em 1962, dois anos após a morte de Klein. Money-Kyrle estava encarregado de organizar uma edição completa dos escritos de Melanie Klein, que acabou sendo publicada em quatro volumes com o título de *The Writings of Melanie Klein*,[2] em 1975. A carta escrita por Betty Joseph para Roger Money-Kyrle em 1962, e que acompanhava este manuscrito, também se encontra no arquivo de RMK. A razão pela qual a versão final completa da *Autobiografia* não se encontra no arquivo de Melanie Klein, mas no de RMK, parece ser, portanto,

---

1 Sayers, Janet, & Forrester, John (2013). The autobiography of Melanie Klein. *Psychoanalysis and History*, *15*(2), 127-163. Recuperado de http://www.melanieklein-trust.org.uk.

2 *The Writings of Melanie Klein,* traduzidas para o português como *Obras completas de Melanie Klein* e publicadas em quatro volumes pela editora Imago, Rio de Janeiro, a partir de 1991.

o fato de Joseph tê-la separado dos documentos de Klein para enviá-la a Roger Money-Kyrle.

Em sua carta, Joseph também escreve que enviou mais uma versão da *Autobiografia*, similar à primeira, mas editada por ela para fins de publicação. Também esse texto ainda se encontra nos arquivos de RMK. Sem dúvida, Money-Kyrle não concordou com a sugestão, já que nenhuma das versões foi incluída na edição completa. Em seu lugar, ele escreveu uma breve introdução de duas páginas e meia no primeiro volume de *The Writings*, apresentando a cronologia dos principais dados da vida de Klein. Mas obviamente guardou as duas versões em seu próprio escritório. Dessa forma, o manuscrito compilado por Klein, junto com a versão editada por Betty Joseph e sua carta, foram integrados aos documentos de Money-Kyrle no Wellcome Archives após sua morte, em 1980.

O objetivo de torná-los públicos no site do Melanie Klein Trust é oferecer uma primeira impressão a respeito da maneira como Melanie Klein via sua vida em retrospectiva, agora como uma mulher idosa. As imagens de sua infância, da família e de sua relação com os pais e irmãos transmitem um distanciamento emocional alcançado depois de muitas décadas por uma mulher relativamente satisfeita com sua contribuição como psicanalista.

Melanie Klein: autobiografia comentada

Autobiografia (1959)[1]

Melanie Klein

*Transcrição de documento datilografado em trinta páginas,
papel ofício*

Meu pai vinha de uma família judaica muito ortodoxa e era o que se chamava em ídiche de um "vocher".[2] O pai dele havia sido um homem de negócios, mas, provavel-

---

1 A presente tradução segue fielmente o documento escrito por Melanie Klein, tal qual se encontra no Melanie Klein Trust, mantendo a característica de anotações que possivelmente seriam revisadas para publicação. Nesse sentido, aqui não foi feita nenhuma edição das suas anotações, salvo algumas exceções em função do sentido do texto. As notas de tradução no texto e nas notas de rodapé estarão entre colchetes e em itálico. Outros colchetes e parênteses constam do texto original. Foram mantidas as notas de rodapé elaboradas por R. D. Hinshelwood, com a sua indicação entre parênteses, e outras foram elaboradas em conjunto pela tradutora e pelo organizador deste livro, a partir da consulta à edição dos fragmentos autobiográficos (Sayers & Forrester, 2013) e à biografia escrita por Phyllis Grosskurth [Grosskurth, P. (1992). *O mundo e a obra de Melanie Klein*. Rio de Janeiro: Imago. (Trabalho original publicado em 1986)].

2 Sayers e Forrester (2013) esclarecem que *vocher* deveria ser lido como *bocher*, "um estudioso do Talmude, a antiga codificação em muitos volumes da lei e da tradição judaicas" (ver também Grosskurth, 1986/1992, p. 17).

mente pelo fato de a capacidade científica do meu pai ter sido reconhecida, ele foi destinado a se tornar cientista.[3] Casou-se, de acordo com os ritos ortodoxos, com uma mulher que nunca havia visto antes e que só conheceu por ocasião do casamento. Esse casamento não durou muito e foi dissolvido. Creio que nessa época ele tinha cerca de 37 anos. Ele havia despertado para outros interesses e tinha se revoltado contra o seu modo de vida. Havia se escondido sob seus livros do Talmude, o que lhe havia dado a possibilidade de se matricular. Certo dia, ele saiu de casa sem o conhecimento de seus pais e obteve sua matrícula em um ginásio, como essas escolas eram chamadas. Quando voltou para casa, seus pais, em particular sua mãe, ficaram horrorizados. Ele então declarou que iria estudar medicina e o que eu soube por ele é que, enquanto ele fazia seu primeiro exame, sua mãe rezava em casa para que ele não passasse. No entanto, ele passou e após alguns anos tornou-se médico. Nessa época, ele havia rompido completamente com toda a atitude ortodoxa e havia se tornado independente de sua família, ainda que nunca tenha chegado a um rompimento de fato com eles.

A cólera grassava na aldeia[4] da Polônia naquele tempo e havia procura de médicos (para tratar as pessoas). Ele

---

3 Klein usa o termo *cientista*, aqui e em outras partes do texto, para se referir a estudioso; equivalente ao francês *savant*, ao alemão *Wissenschaftler* ou ao inglês *scholar* (Sayers & Forrester, 2013, p. 133).

4 Na edição de Sayers & Forrester consta aqui o plural, "nas aldeias" (2013, p. 134).

respondeu à solicitação, informou sua família e, quando retornou, após várias semanas ou meses, encontrou uma carta da mãe implorando para que não fosse. Ao contrário de outros médicos, que ficavam do lado de fora das cabanas e tomavam o pulso dos aldeões através das janelas, ele entrava nas cabanas e tratava as pessoas da maneira normal – e ainda assim não ficou doente.

Ele conheceu minha mãe,[5] que veio de Deutsch-Kreutz[6] para uma visita a Viena, onde se hospedou com pessoas que possuíam uma pensão. Ele imediatamente se apaixonou profundamente por minha mãe, que tinha 25 anos e era uma mulher extremamente bonita. Naquela época, ele devia ter 44 ou 45 anos. Eles se casaram, e, por algum tempo, ele exerceu a medicina em Deutsch-Kreutz, e em seguida decidiram ir a Viena para meu pai trabalhar lá. Mudaram-se para Viena; no entanto, ele não conseguia o sustento necessário com seu trabalho no consultório. Minha mãe, por isso, decidiu abrir uma loja, ainda que isso fosse considerado incorreto para a esposa de um médico. Ali ela vendia plantas, répteis etc. Sei que ela não gostava nem um pouco dessas criaturas e que somente por sua força de vontade é que ela se dispunha a trabalhar com elas. Conforme mencionei, ela era muito bonita, e alguns

---

5   Libussa Deutsch (1852-1914).

6   "Deutschkreutz (68 km ao sul de Viena) pertencia à Hungria e foi incorporada à Áustria depois da Primeira Guerra Mundial" (Sayers & Forrester, 2013, p. 133).

Melanie Klein: autobiografia comentada

de seus clientes gostavam muito de entrar na loja e conversar com ela. Uma das minhas primeiras lembranças é de ir à loja, e ainda me lembro de onde ela ficava em Viena.

Então algo aconteceu. Desde a morte de sua esposa, o pai do meu pai vivia com uma filha, que, certo dia, o colocou na rua. Minha mãe imediatamente concordou em recebê-lo em casa, e ele viveu conosco até a sua morte, parece que de forma bastante pacífica. Quando ele morreu, deixou-lhes algumas poupanças e um bilhete de loteria, o que era algo bastante habitual no Império Austro-Húngaro. Foi assim que, por acaso, meus pais ganharam 10 mil florins e tudo mudou. Meu pai comprou o consultório de um dentista e nos mudamos para um apartamento, e me lembro de que achei a mudança muito impressionante.

Agora gostaria de falar da família da minha mãe. Já mencionei que ela era muito bonita. Tinha cabelos muito negros, pele clara, feições bonitas e os mais expressivos e lindos olhos cinzentos. Ela era educada, bem-humorada e interessante. Sempre me orgulhei do modo como ela conseguiu obter sua instrução. Seu pai era rabino em Deutsch-Kreutz. Seu avô[7] [meu avô] era um homem muito excepcional: ele era conhecido em todo o distrito por seu conhecimento e sua tolerância, tinha uma mente muito liberal, bem diferente da ortodoxia que caracterizava

---

7 "Parece que ela queria dizer 'seu pai', i. e., o bisavô de Klein" (Hinshelwood).

a família de meu pai. Ele possuía em suas estantes todos os filósofos alemães, ao contrário da atitude dos rabinos intolerantes.

Eram três filhas, duas das quais muito bonitas, e elas adquiriram sua instrução sendo autodidatas, por meio da leitura, e penso que, provavelmente, também em conversas com o seu pai. Minha mãe até conseguiu aprender a tocar piano sozinha. É claro que ela nunca tocou muito bem, mas havia uma necessidade ardente de conhecimento em todo esse ambiente. Ela também estudou francês. Muitos anos depois, quando morávamos no campo, em um lugar que hoje se tornou um subúrbio de Viena, ela estava buscando água, e me lembro dela andando para lá e para cá numa grande varanda segurando um livrinho que continha expressões idiomáticas francesas.

No que diz respeito à mãe da minha mãe, só a conheci por uma foto que mostrava uma adorável e simpática velhinha, e sei que eu ansiava muito que ela estivesse viva, porque nunca tive uma avó, e sei que ela foi uma mulher simpática, gentil e agradável. A impressão geral que tive dessa família, em oposição à família de meu pai, era a de que tinham uma boa vida familiar, muito simples, com muitas restrições, mas cheia de interesse pelo conhecimento e por instrução.

Na época em que as condições da família melhoraram bastante, lembro-me de que meu pai comprou algumas joias para minha mãe, e que fiquei profundamente impressionada com um par de brincos de diamante, um dos quais é agora o centro de um broche, que deixarei para minha nora.

Tenho ainda algo a acrescentar sobre minha ascendência pelo lado materno. Por acaso ouvi dizer que os livros de Reb Hersch Mandel Deutsch ainda eram reconhecidos por estudiosos judeus, e tentei descobrir se ele era meu avô ou bisavô; acredito na última possibilidade, pois minha mãe me contou a respeito do meu avô e de sua atitude liberal, mas nunca mencionou nada a respeito de livros seus. Não tenho como determinar qual deles foi o autor dos livros, pois os nomes de pessoas e lugares mudaram muito nos últimos anos.

Gostaria de dizer algo sobre minha ascendência por parte de pai também. Sei muito pouco a respeito deles, a não ser que eram muito ortodoxos, o que me coloca contra eles. Fiquei sabendo pela minha mãe que ela se dava muito bem com o sogro, quando ele veio morar com eles. Naquela época, ele já era um homem idoso. Ele tinha sido um homem de negócios, mas não sei nada a respeito da minha avó desse lado da família. De tempos em tempos, durante aqueles anos, sua filha e seu genro apareciam para uma visita, ainda vestindo o caftã ritual, e tudo o que eu sentia era que realmente não gostava deles. O fato de eu mesma não ter tido uma educação ortodoxa, mas ter crescido em um círculo semiortodoxo, pode ter contribuído para minha antipatia; e, é claro, eu não conseguia esquecer que essa tia havia colocado o pai para fora de casa da maneira mais vergonhosa. A última vez que os vi foi durante a última

[Primeira] Guerra Mundial, quando estavam fugindo da Polônia por causa do avanço russo. Ajudei-os, dando-lhes tapetes e roupas de cama etc., que eles levaram para ajudar a se estabelecerem em Viena. Nunca mais ouvi falar deles, e, desde que minha mãe morreu no começo da guerra, em 1914, todo tipo de interesse por eles desapareceu.

Mencionei que não tive uma educação ortodoxa. Minha mãe parecia manter certas tradições mais por estarem conectadas a lembranças de sua infância e por devoção à sua família, do que por motivo de crença religiosa. Certa vez, ela tentou introduzir uma ordem *kosher* em casa, mas não teve sucesso, e aparentemente desistiu dessas crenças à medida que as crianças cresceram e se tornaram cada vez mais avessas a mantê-las. Lembro-me, no entanto, com prazer, da primeira noite de Páscoa [*Pessach*], particularmente porque, naquela ocasião, o[*a*] filho[*a*] caçula tinha de falar uma passagem em hebraico, da qual ainda lembro as primeiras linhas. Como eu queria muito obter alguma atenção e ser mais importante do que os mais velhos, temo que essa atitude tenha influenciado o fato de eu gostar dessa ocasião. Mas era mais do que isso. Eu gostava das velas, gostava de toda a atmosfera, e gostava da família sentada em volta da mesa e estando junta daquela maneira.

Minha mãe sempre manteve o jejum no grande Dia do Perdão [*Yom Kippur*] e isso também permanece uma lembrança agradável em minha mente, havia uma refeição particularmente festiva da noite anterior e, de forma parecida, depois do jejum. Cada detalhe desse evento me interessava, começando com o café preto, e depois a boa refeição festiva. Nessas ocasiões, conforme era usual, eu também ia à sinagoga, onde minha mãe passava o dia todo – não creio que meu pai fizesse a mesma coisa. Ia com minhas melhores roupas, e estava bastante consciente de que as mulheres, que, é claro, estavam separadas dos homens, davam grande importância ao modo como as crianças se apresentavam; exceto minha mãe, que não se interessava muito por essas coisas e se envolvia profundamente em orações naquele dia. De resto, só a via fazer orações curtas nas noites de sexta-feira, orações retiradas de um livro de orações de veludo lilás, dado a ela pelo meu pai quando se casaram. Demorava-se apenas alguns minutos, fechava então o livro e o colocava de volta no guarda-roupa. Minhas dúvidas a respeito de quão profundos eram seus sentimentos religiosos, em contraste com seu apego à família e seus impulsos religiosos, foram confirmadas quando ela me contou uma vez a respeito de um estudante por quem, acredito, estivera apaixonada. Falou com alguma admiração de sua coragem e que, quando ele estava morrendo de t.b. [*tuberculose*], teria dito: "Vou morrer muito em breve e repito que não acredito em nenhum deus."

Eu não via muito sentimento ortodoxo em meu pai, mas tanto ele como minha mãe eram profundamente ligados à raça judaica, e isso realmente permaneceu em mim até o presente. Não tomou a mesma forma que a atitude de meus pais, porque na escolha dos meus amigos e dos meus relacionamentos pouco me importou se eram gentios ou judeus. Mas guardei um forte sentimento em relação à raça judaica, embora eu esteja completamente ciente de suas falhas e imperfeições. Isso nunca me levou a ser sionista, mesmo nos meus dias de juventude eu não tinha nenhum desejo de ser segregada, mas sinto certa simpatia pelas pessoas que lutam para estabelecer Israel e tenho alguma admiração por sua perseverança e pela força de seus princípios. Eu teria, porém, odiado viver em Israel. Posteriormente, na minha vida, cheguei a adotar a Inglaterra como minha segunda pátria, mas tenho fortes laços de natureza internacional, o que tem alguma semelhança com o que tenho dito sobre meu relacionamento com o judaísmo. Outra coisa que sempre odiei foi que alguns judeus, independentemente de seus princípios religiosos, tivessem vergonha de sua origem judaica, e, sempre que a questão surgia, eu ficava feliz em confirmar minha própria origem judaica, ainda que eu receie não ter fé religiosa alguma, seja qual for.

Em minha atitude simpática a Israel, também entra um sentimento que, embora possa ter se originado na condição da perseguição aos judeus, se estende a todas as minorias e a todas as pessoas perseguidas por forças mais poderosas. Quem sabe! Isso pode ter me dado força para estar sempre em minoria com relação ao meu trabalho científico e não me importar com isso, e para estar disposta a enfrentar uma maioria pela qual tinha certo desprezo, o que com o tempo foi sendo mitigado pela tolerância.

Melanie Klein: autobiografia comentada

Falei anteriormente sobre a mudança nas circunstâncias familiares, que ocorreu no destino da família quando eu tinha em torno de 5 anos de idade. Na época anterior a essa mudança favorável, meu pai tinha se associado como médico a um tipo de teatro de música chamado de orfeu. Ele tinha de estar presente durante as apresentações, o que era muito entediante para ele, além de ser um sacrifício, porque queria estar com sua família; no entanto, era uma ajuda financeira. Lembro-me de que ele fez algumas observações de natureza desdenhosa sobre a apresentação de uma senhora inglesa, e disse que, quando os ingleses eram depravados, eles eram muito depravados. Há uma conexão de uma das minhas primeiras lembranças com aquele tempo, quando ele ainda costumava sair à noite, e nossa criada, de cujo nome ainda me recordo, servia-lhe o jantar antes de ele ir. Da mesma forma que ele era fiel à minha mãe a ponto de não olhar para nenhuma outra mulher, ele também era muito conservador em relação à alimentação.

Lembro-me muito bem dos pequenos rissoles que ele comia todas as noites. A razão pela qual a empregada lhe servia o jantar era que minha mãe ainda não tinha voltado da loja. Eu não devia ter mais de 3 anos, nessa minha primeira lembrança que tenho e que está conectada ao meu pai jantando antes de sair para o orfeu. Ele provavelmente estava com pressa. Lembro-me que subi no seu colo e ele me empurrou para longe. É uma lembrança dolorosa. Mais tarde, e esta é uma lembrança agradável, quando fomos de maio a setembro a Dorsbach, em Hensberg,[8] que na época ainda se localizava na zona rural, embora hoje faça parte de Viena, ele costumava segurar a minha mão enquanto subíamos a colina na qual morávamos. Meu pai era tão apegado a seus hábitos que nunca iria a um restaurante sozinho. Sempre voltava para casa para o que então se chamava de jantar e, depois, seguia novamente para o trabalho, ainda que esse ficasse a uma boa distância. Eu o encontrava no meio do caminho, quando voltava da escola para casa, e subíamos juntos. Lembro-me, também, quando eu tinha pouco mais de 13 anos, de ouvi-lo dizer a alguém que sua filha mais nova iria estudar no ginásio, e isso definitivamente determinou minha decisão de fazê-lo, portanto naquela época eu já tinha algum desejo de estudar.[9]

Eu era a filha caçula, e meu pai já estava na casa dos 50 anos quando nasci. Ele era um cinquentão. Não tenho nenhuma lembrança dele brincando comigo. Era um pensamento doloroso para mim que meu pai pudesse afirmar abertamente, e sem considerar meus sentimentos, que ele preferia minha irmã mais velha, sua primogênita. Por outro lado, eu era muito amada na família e muito mimada, e assim me foi dada tanta atenção. Minhas observações eram citadas e há pouca dúvida de que eu era considerada bonita e que minha família tinha orgulho de mim.

---

8 Na edição de Sayers & Forrester, consta aqui "Dornbach" e "Heuberg", região nos arredores de Viena, a noroeste (2013, p. 137).

9 O ginásio possibilitava a entrada na universidade e o estudo de medicina.

Melanie Klein: autobiografia comentada

De certa forma, até que a minha relação com meu irmão se desenvolveu e se tornou mais profunda, eu não sentia que era completamente compreendida, mas naquela época ninguém realmente pensava que uma criança necessitasse de alguma compreensão especial. Mas penso na minha infância como uma infância com uma boa vida familiar e daria qualquer coisa para tê-la de volta por um só dia; nós três, meu irmão, minha irmã e eu sentados em volta da mesa, fazendo nosso trabalho escolar, e os muitos detalhes de uma vida familiar unida.

Eu era a caçula de quatro filhos: a mais velha, Emily, seis anos mais velha, meu irmão, Emmanuel, cinco anos mais velho, e a terceira, Sidonie, cerca de quatro anos mais velha. Não tenho dúvidas, e isso foi contado a mim pela minha mãe mais tarde, de que não fui uma criança desejada. Não tenho nenhum sentimento particular de que me ressinto disso, porque, conforme já afirmei, havia muito amor por mim. Minha mãe não seguia princípios pedagógicos específicos e não se seguiam regras rígidas. Não me lembro de ter sido castigada, exceto em uma ocasião em que realmente provoquei meu pai de maneira muito insolente. Ele havia dito, quando eu não quis comer algo, que no seu tempo se obrigavam as crianças a comerem aquilo, e lhe respondi que o que se fazia havia cem anos não contava para os dias atuais. E eu sabia que o aborreceria com isso. Ele se levantou do seu lugar, veio até mim e me acertou no ombro. Essa foi a única ocasião em que bateram em mim.

Minha mãe amamentou os três filhos mais velhos, mas eu tive uma ama de leite, que me alimentava sempre que eu pedia. Naquela época, Truby King[10] ainda não havia feito seu trabalho devastador. O irmão de minha mãe, Hermann, morou conosco por alguns anos enquanto estudava direito. Eu gostava muito dele e ele também me mimava muito. Eu o ouvia dizer muitas coisas, entre elas que, sendo tão bonita, um jovem Rothschild teria de vir e se casar comigo. Ele também tinha um cão grande adorável no qual eu montava.

Penso que não compreendi suficientemente meu pai, cujo interesse por mim não era tão grande, pois ele já tinha envelhecido muito nessa época. Eu admirava certas coisas nele, como ter feito todos os seus estudos médicos sendo tutor e ter acumulado uma grande biblioteca, e, o que é mais importante, ter aprendido sozinho dez línguas, inclusive o hebraico, no qual ele era um cientista. Sei que ele falava italiano muito bem, pois isso foi confirmado por um italiano que teve uma conversa com ele; e que eu podia indagá-lo a respeito de expressões francesas ou inglesas, que ele as respondia sem consultar um dicionário. Seu francês era bastante antiquado e um pouco de-

---

10 Frederic Truby King (1858-1938) foi um médico neozelandês. Seu trabalho voltava-se à nutrição de bebês, preconizando a amamentação em horários rigidamente estabelecidos. King alcançou grande repercussão nos anos 1920, e ao longo dos anos 1940 e 1950 suas ideias permaneciam ainda bastante influentes na Inglaterra (Sayers & Forrester, 2013, p. 138).

satualizado, tendo sido adquirido por meio de Molière, Racine e poetas mais antigos. Ele também teve a oportunidade de aprender francês com um veterano das guerras napoleônicas. Disseram-me que era um francês bastante clássico, mas eu admirava sua capacidade de aprender tudo isso sozinho. Na verdade, ele era um perfeito cientista com pouca capacidade para a vida prática. Olhando em retrospectiva, compreendo-o muito melhor hoje do que naquela época. Ele morreu quando eu tinha 18 anos e, naquela altura, já estava um pouco senil havia anos.

Creio que eu era bastante apegada a minha irmã mais velha durante a infância e que ela gostava muito de mim e se orgulhava de mim. Lembro-me de que, entre os 10 e os 12 anos, sentia-me infeliz na hora de dormir, e Emilie era muito gentil comigo, colocava sua cama perto da minha e eu dormia segurando sua mão. Mais tarde, quando me desenvolvi intelectualmente, descobri que tínhamos pouco em comum, e isso permaneceu assim ao longo da vida.

Tenho recordações muito agradáveis e dolorosas da minha outra irmã, Sidonie. Só me lembro dela no seu retorno do hospital, onde ficou por causa de escrofulose. Sem dúvida, ela era a mais bonita de todas nós: não acredito que tenha sido apenas idealização, quando minha mãe sustentou isso depois de sua morte. Lembro-me de seus olhos azul-violeta, seus cachos negros e seu rosto angelical. O que lembro dela é ela deitada na cama, depois do seu retorno do hospital, e da sua bondade para comigo. Nesse tempo, eu devia ter entre 4 e 5 anos, os meus irmãos mais velhos tinham um jeito especial de me provocar. Eles conversavam entre si de forma brincalhona a respeito de coisas geográficas, falando de Popocatépetl e outros nomes, e eu ficava completamente sem saber se esses nomes eram verdadeiros ou não. Sidonie, deitada na cama, ficou com pena de mim e me ensinou os princípios da aritmética e da leitura, o que aprendi muito rapidamente. É bem possível que eu a idealize um pouco, mas tenho o sentimento de que, se ela tivesse vivido, teríamos sido grandes amigas, e ainda tenho um sentimento de gratidão por ela ter satisfeito minhas necessidades mentais, mais ainda quando penso que ela estava muito doente na época. Ela morreu com cerca de 8 anos e meio, quando eu tinha uns 4 anos e meio, e tenho a sensação de que nunca superei completamente o sentimento de pesar e luto por sua morte. Sofri também com a dor que minha mãe demonstrou, enquanto meu pai era mais controlado. Lembro-me de que sentia que minha mãe precisava ainda mais de mim agora que Sidonie tinha ido embora, e é provável que alguns dos mimos que recebi se devessem ao fato de eu ter de substituir aquela criança. Até hoje ainda me enche de dor o fato de que naquela época não tínhamos cura para a t.b. [*tuberculose*], quando hoje em dia um tratamento inteiramente novo a teria mantido viva, e eu sempre sinto que foi injustificado que ela não tivesse vivido a sua vida. Meu conhecimento a meu respeito me diz que as excelentes relações com mulheres e a capacidade de amizade, o que sempre foi muito pronunciado em mim, eram baseadas em minha relação com essa irmã.

Melanie Klein: autobiografia comentada

Mencionei minha relação com meu irmão, que sempre me pareceu superior em todos os sentidos, não apenas porque, aos 9 ou 10 anos de idade, ele parecia bastante crescido, mas também porque seus dons eram tão incomuns que sinto que tudo o que consegui não é nada em comparação ao que ele teria feito. Desde muito cedo eu ouvia as mais belas peças de piano, porque ele era profundamente musical, e o via sentado ao piano e apenas compondo o que lhe vinha à mente. Ele era uma criança obstinada e rebelde e, penso eu, não suficientemente compreendida. Ele parecia em desacordo com seus professores no ginásio, ou desdenhoso deles, e houve muitas discussões com meu pai. Um dos tópicos sempre recorrentes era que meu irmão afirmava que não havia nada em Schiller e que Goethe era tudo o que contava, com o que meu pai ficava muito zangado e citava trechos inteiros do trabalho de Schiller, que ele admirava. Lembro-me dele dizendo, com raiva, que Goethe era um charlatão, que tentava se interessar superficialmente por ciência.

Meu irmão gostava muito da minha mãe, mas deu a ela uma boa dose de preocupação.

Penso que a relação com meu irmão foi um fator muito importante no meu desenvolvimento. Eu definitivamente dato minha profunda amizade com ele desde meu nono ano de vida, quando escrevi um poema patriótico, e ele cuidou de corrigi-lo e pareceu apreciá-lo. Pelo menos a partir de então, e daí em diante, ele se tornou meu confidente, meu amigo, meu professor. Ele tinha o maior interesse no meu desenvolvimento, e sei que, até sua morte, sempre esperou de mim que eu fizesse algo grandioso, embora não houvesse nada no que basear tal expectativa. Lembro-me que escrevi uma pequena peça dramática quando tinha 16 anos, e ele chegou a dizer que esse era o começo de algo permanente, mas minha capacidade de escrever, que foi expressa por meio de vários romances e alguns poemas (todos os quais destruí), jamais alcançou minha satisfação e provavelmente nunca foi boa.

Eu admirava meu irmão profundamente, ele era um gênio como escritor e como músico, que muitas vezes ditava para mim o que estava escrevendo. Sempre achei que ele tinha muito mais capacidade criativa do que eu, embora ele não parecesse pensar assim. Mais tarde, depois de sua morte, quando eu tinha 20 anos, reuni, junto com uma grande amiga dele e minha, Irma Schonfeld, seus escritos e consegui publicá-los.[11] Àquela altura, eu estava casada e esperando meu primeiro filho, e viajei uma boa distância para encontrar Georg Brandes,[12] um historiador literário, admirado pelo meu irmão, para obter dele um prefácio para esse livro, já que por carta ele se recusara a

---

11 O livro de Emanuel Reizes, *Aus einem Leben* [*De uma vida*], foi publicado em 1906, em Viena, pela editora Wierner (Sayers & Forrester, 2013, p. 141; Grosskurth, 1986/1992, p. 57).

12 Georg Morris Cohen Brandes (1842-1927), ilustre crítico literário dinamarquês. Na década de 1870, seu ciclo de conferências na Universidade de Copenhague tornou-se um marco na cultura escandinava, divulgando as obras de Ibsen, Kierkegaard e outros ao público europeu.

fazê-lo. Na verdade, ele já havia deixado a casa de onde havia me respondido que estava velho demais e cansado demais para fazer prefácios ou ler mais livros. Mas as amigas que o hospedaram, cujos nomes não consigo lembrar, uma escritora e sua filha escultora, parecem ter ficado tão impressionadas comigo, que a carta delas para Brandes acabou resultando na escrita do prefácio. Na verdade, ele usou quase tudo o que eu havia escrito sobre meu irmão para esse prefácio. Quando, depois de uma longa batalha, consegui não só um editor, mas um bom editor, foi um grande pesar para mim o editor ter falido, logo a seguir, e o livro quase ter se perdido. Esse livro não dá realmente nenhuma ideia do que meu irmão poderia ter alcançado, porque usamos todos os fragmentos encontrados em seus cadernos para montar o livro, alguns deles bastante imaturos, o que é uma imagem pobre do que poderia ter se desenvolvido a partir disso, ainda que contenha algumas coisas bonitas.

A doença do meu irmão e sua morte precoce é mais um, entre os outros lutos na minha vida, que ainda permanece vivo em mim. Eu disse que ele era uma criança bastante obstinada, embora pudesse ser extremamente gentil e gostasse muito de minha mãe e de mim. Ele teve escarlatina quando tinha, acho, 12 anos de idade, e à doença seguiu-se uma febre reumática. Sempre ouvi minha mãe dizer com autocensura que, porque toda a família foi passear no Prater, ele também iria, o que supostamente teria causado uma recaída da doença e ocasionado sua primeira febre. Não sei se foi bem assim, mas sempre senti que a família não deveria ter ido e tê-lo forçado a ir com eles. Essa febre reumática afetou seu coração e ele teve o que era então conhecido como uma insuficiência cardíaca dupla. Sempre se soube, e ele tinha um perfeito conhecimento disso, que ele não viveria muito além dos 20 anos. Essa consciência, a respeito da qual ele nunca falou, deve ter tido uma relação importante com o fato de ele ser rebelde e um tanto difícil, às vezes. Tenho uma bela carta dele, também uma das poucas coisas que guardei, na qual ele diz que espera que o Destino me dê em anos o que lhe privou em dias.

Ele estudou medicina, mas uma das razões pelas quais interrompeu seus estudos e obteve permissão para viajar foi que sentiu que queria usar seu talento como escritor o máximo possível. Conheço outro fator que pode tê-lo levado para longe de casa, mas falarei disso mais tarde. Ele morreu em Gênova, a caminho de embarcar em um navio que o levaria para a Espanha. Um cartão-postal foi encontrado em sua mesa, endereçado ao meu noivo, e foi ele quem recebeu a notificação de sua morte. Meu noivo viajou para Gênova para buscar a bagagem, que já havia sido embarcada pelo meu irmão para a viagem, e não encontraram nenhum recibo que indicasse qual era a bagagem. A bagagem havia sido descrita para o meu noivo, que estava procurando por ela em um enorme corredor cheio de bagagens, quando notou uma mala que havia sido fechada com um pedaço de jornal para fora. Era um número da *Fackel*, de Kraus,[13] de quem meu irmão gostava. Meu noivo então reivindicou esse lote de bagagem, que lhe foi restituído, e que continha manuscritos que quero juntar em um livro. Ele tinha 25 anos quando morreu. Aqui, mais uma vez, tenho a sensação de que, caso já houvesse mais conhecimento em medicina, algo poderia ter sido feito para mantê-lo vivo por mais tempo, mas ouvi dizer que até mesmo atualmente as doenças cardíacas reumáticas nem sempre são curáveis. Não sei se é verdade ou não, mas fiquei com o mesmo sentimento que tive com relação a minha irmãzinha, o de que muitas coisas poderiam ter sido feitas para prevenir sua doença e sua morte prematura. Escrevendo agora aos 77 anos, pensando que ele era cinco anos mais velho que eu, não consigo imaginá-lo como um homem de 82 anos. Na minha memória ele continua sendo um homem jovem e de personalidade forte, como o conheci, firme em suas opiniões, não se importando caso fossem impopulares, com um profundo conhecimento de arte e uma paixão por ela de muitas maneiras, e o melhor amigo que jamais tive. Meu filho mais velho, Hans, que morreu aos 27 anos de idade quando praticava alpinismo, tinha uma grande semelhança com

---

13 Karl Kraus (1874-1936), figura marcante da modernidade vienense do século XIX, fundador do jornal *Die Fackel* [*A tocha*] e seu único editor entre 1899 e 1936. Kraus utilizou-se do veículo como instrumento de crítica satírica da sociedade e cultura austríacas, tendo inclusive se tornado um contumaz opositor da psicanálise a partir de 1910.

meu irmão, particularmente em seus primeiros anos, assim como acho que também Eric tem. Penso, também, que meu neto, Michael, tem algo de sua aparência, mas posso estar enganada, porque todas essas figuras tinham muito em comum nos meus sentimentos.

A relação com meu pai era complexa, em parte porque, assim eu o sentia, ele tinha relativamente pouco interesse em mim e tantas vezes afirmava que minha irmã mais velha era a sua favorita. Além disso, meu pai não era somente envelhecido para sua idade, mas acho que por volta dos 60 anos ele deve ter sofrido um derrame e se tornou rapidamente senil. Ele certamente o era quando eu tinha 12 ou 13 anos de idade.

A relação com minha mãe foi um dos grandes apoios que tive na vida. Eu a amava profundamente, admirava sua beleza, seu intelecto, seu profundo desejo de conhecimento, sem dúvida com alguma dose da inveja que existe em toda filha. Até os dias atuais, ainda penso muito nela, imaginando o que ela teria dito ou pensado, e particularmente lamentando que ela não pôde ver algumas de minhas realizações. Pergunto-me muitas vezes o que ela teria pensado sobre isso. Embora ela fosse muito ambiciosa em relação a mim quando eu era criança, quando ficou mais velha e as coisas ficaram mais difíceis – meu pai tinha se tornado senil e a doença de meu irmão piorara, e ela realmente tinha de manter a família – frequentemente a ouvia dizer que não se importava com nenhuma grandeza especial, que desejava somente que ele fosse saudável, mesmo que se tornasse um comerciante de vinhos ou algo assim. Estou convencida de que ela sentia algo similar em relação a mim, e que seu grande desejo era que eu fosse feliz, e, ainda assim, tenho a sensação de que ela teria ficado orgulhosa se tivesse tido conhecimento do que eu realmente realizei.

Mais uma vez, tenho dificuldade de imaginar que atualmente ela teria 110 anos, pois ainda a vejo como ela era antes de morrer. Ela morreu em minha casa, tendo perdido, em função das circunstâncias, tudo para minha irmã, cujo marido havia assumido a clínica que pertencia anteriormente ao meu pai. Ela morreu quando a guerra de 1914-1918 começou e ela estava muito preocupada, porque meu cunhado tinha se tornado prisioneiro dos russos, ou melhor, quando a fortaleza Premsyl[14] estava sendo cercada pelos russos. Meu marido e outros disseram a ela que era praticamente impossível tomar essa fortaleza inexpugnável, mas me pergunto se ela acreditava neles. Ela tinha emagrecido muito naquela época e havia sido levada para ser examinada e fazer radiografia em uma clínica em Budapeste, onde então morávamos. Ela se queixou de que a sala em que foi examinada estava gélida, embora

---

14 A fortaleza de Przemyśl (atual Polônia) foi palco de um extenso combate durante a Primeira Guerra Mundial. Pertencente ao território do Império Austro-Húngaro, a fortaleza foi cercada pelas tropas russas em setembro de 1914 e capturada em março de 1915. No mesmo ano, porém, foi reconquistada pelo exército alemão, deixando mais de 200 mil mortos ou feridos no local.

fosse final do outono, e achou que a bronquite que se seguiu àquele exame se devia ao fato de a sala ter estado tão fria. Naquela época, um dos assistentes da clínica em que ela foi examinada me disse que a radiografia não mostrou nada que indicasse um câncer e sugeriu que ela fosse examinada novamente em alguns meses. Desde então, cheguei à conclusão de que ela provavelmente devia ter um câncer, o que causou sua perda de peso.

Ainda me lembro de como subimos a colina em Bade,[15] onde tínhamos um apartamento muito bom. Ela estava um pouco na frente com meu marido e eu estava mais atrás. Eu mal conseguia conter minhas lágrimas e estava muito triste. É claro que senti, como qualquer pessoa sentiria, que eu poderia ter cuidado melhor dela, e que morar em nossa casa com os netos foi, obviamente, a melhor coisa para ela. Eric tinha 4 meses quando ela morreu, e ela desfrutava a presença do bebê, mas, desde que meu irmão morreu, e isso ficou muito mais claro do que após o falecimento do marido, ela perdeu enormemente o interesse pela vida. Isso não se apresentava de forma desagradável: ela ainda se mantinha interessada por tudo o que tinha a ver comigo e com as outras pessoas, ainda se interessava por minhas roupas e meus livros, mas, olhando em retrospectiva, sei que ela perdia cada vez mais o interesse pela vida, no que dizia respeito a si mesma. Nunca ima-

---

15 Buda, na edição de Sayers & Forrester (2013, p. 144), parte da cidade de Budapeste.

Melanie Klein: autobiografia comentada

ginei que alguém pudesse morrer do jeito que ela morreu, completamente de posse de suas faculdades mentais, calma, sem nenhuma ansiedade e, obviamente, de forma alguma com medo ou relutante em morrer. Cuidei dela uma parte do tempo, mas tivemos uma enfermeira na última semana. Ela permaneceu doente por cerca de três semanas. O único momento em que vi algumas de suas ansiedades surgirem foi quando me disse que a enfermeira era rigorosa. Quando me viu tão profundamente triste com a aproximação de sua morte, disse: "Se isso significa tanto para você, faça um mingau que eu vou comê-lo", pois àquela altura quase já não se alimentava. Como era uma excelente cozinheira, disse-me como preparar um caldo de galinha e se forçou a tomá-lo. Era óbvio que ela tentava continuar vivendo para o meu bem. Mesmo então, ela não perdera o interesse em mim e em minhas atividades, nos meus filhos, na minha casa. Devido a circunstâncias que eventualmente mencionarei mais adiante, eu tinha contratado, para Eric, uma ama de leite, que se comportava muito mal e aterrorizava toda a casa. Quando lhe contei isso, ela me sugeriu aguentar tudo e deixar a ama alimentar a criança por apenas uns nove a dez meses, e eu segui seu conselho. Lembro-me disso com um certo sentimento de culpa de que eu poderia ter feito mais pela minha mãe, e sabemos que tais sentimentos existem. Ajoelhei-me ao lado de sua cama e lhe pedi perdão. Ela me respondeu que eu teria pelo menos tanto para perdoá-la quanto ela para me perdoar. Então ela disse: "Não sofra, não fique de luto, mas lembre-se de mim com amor". Desde então, vi minha irmã morrer,[16] cheia de ansiedades e sentimentos de perseguição, e ouvi falar de outras pessoas que morreram em situações em que a ansiedade era muito evidente; eu não imaginava que alguém pudesse morrer de maneira tão serena, completamente sem ansiedade e arrependimento, sem acusação contra ninguém, e amigavelmente com relação a minha irmã, embora minha mãe realmente tivesse motivo para reclamar dela. Mas eu nunca a ouvi reclamar da minha irmã nos anos anteriores a sua morte, e tudo o que sobrava para ela da mesada que meu marido lhe dava, ela mandava para minha irmã, que necessitava do dinheiro. Em muitos aspectos, ela permaneceu um exemplo para mim, e lembro da tolerância que tinha em relação às pessoas e de como não gostava quando meu irmão e eu, sendo intelectuais e, portanto, arrogantes, criticávamos as pessoas. Ela não concordava conosco. Ela nunca teve um sentimento particular de que era de fato uma mulher excepcional; era modesta, e, quando surgia alguma pergunta sobre algo relacionado à empregada, costumava dizer: "Bem, eu não gostaria de fazer isso, por que ela deveria gostar?" Claro, naquela época as empregadas não tinham o mesmo tratamento que têm hoje, mas penso que minha mãe era uma socialista, no melhor sentido da palavra. Até onde os seus meios permi-

---

16 Emilie Pick, irmã de Melanie Klein, faleceu em Londres no dia 13 de maio de 1940 (Grosskurth, 1986/1992, p. 267).

Melanie Klein: autobiografia comentada

tiam, ela realmente tentava estabelecer um bom relacionamento com as empregadas domésticas, e tivemos uma que permaneceu muitos anos conosco, que era tratada em pé de igualdade. Às vezes, abusavam da minha mãe, mas ela não parecia se importar com isso.

Não tenho certeza a respeito do relacionamento entre meus pais. Foi uma vida familiar muito unida. Meu pai até se deslocava da Martinstrasse onde morávamos e caminhava até Dorsbach para almoçar. Nunca lhe teria ocorrido sair sozinho ou ir a um restaurante. Minha mãe era extremamente ciosa dos seus deveres, como esposa e como mãe, e tudo era feito pela educação dos filhos. Não me lembro de nenhuma ocasião em que meus pais saíram sozinhos. No entanto, enquanto meu pai era profundamente apaixonado pela minha mãe até a sua morte, e extremamente ciumento, o que era bastante evidente, não tenho certeza de que minha mãe fosse apaixonada por ele; na verdade, não acredito que fosse. Ela cuidou dele, era boa com ele, mas ocasionalmente eu via sinais de insatisfação nela. Na minha fantasia, ou foi uma percepção, ela tinha sido apaixonada por aquele estudante em sua pequena cidade natal, a quem me refiri anteriormente, que morreu de tuberculose. Claro, naqueles dias os casamentos não eram simplesmente desfeitos, como é o caso hoje. Ela tinha respeito pelo meu pai e apreciava suas qualidades, e parecia ser uma boa coisa aceitar sua proposta de casamento. Às vezes, eu pensava que talvez ela fosse feliz, mas nunca fui capaz de chegar a fundo nisso, se ela simplesmente não era apaixonada, ou não era apaixonada pelo meu pai, mas acredito que ocasionalmente eu via uma ligeira aversão contra a paixão sexual nela, que pode ter sido a expressão de seu próprio sentimento e educação etc.

Já me referi à mudança de circunstâncias, que foi extremamente importante para meus sentimentos. Não tenho lembrança alguma do lugar em que vivíamos antes de nossa sorte melhorar, mas me parece que não era bom. Fiquei muito orgulhosa quando nos mudamos para um apartamento muito agradável com uma varanda – do qual me lembro muito bem –, quando eu tinha cerca de 5 anos de idade. Há algo de que não tenho bem certeza. Não sei se minha irmã morreu antes de nos mudarmos, mas acredito que morreu no apartamento. Lembro-me que fiquei extremamente feliz com as joias, a prata e a louça que minha mãe ganhou e com o fato de o apartamento ser tão bom, e eu também ganhei roupas novas. Minha felicidade aumentou muito quando meus pais decidiram comprar a casa onde o consultório de odontologia que meu pai havia comprado foi instalado. Lembro-me que uma velha amiga da minha mãe, a sra. Hennier, também hipotecou algum dinheiro nessa casa, e pareceu-me uma coisa onerosa que meus pais realmente possuíssem uma casa. O orgulho e a felicidade que senti por essas mudanças deixaram claro para mim que eu vinha preocupada com as dificuldades financeiras, eu quase diria com a pobreza, que precederam as mudanças.

Melanie Klein: autobiografia comentada

Comecei a frequentar a escola, desde que nos mudamos para o apartamento na Alserstrasse, e estava muito feliz lá. Nunca fui tímida; gostava da companhia das crianças, que eu não havia tido até então, pois naquela época não se frequentava o jardim de infância. Não dei trabalho na escola e também gostei de adquirir conhecimento; logo me tornei uma aluna muito ambiciosa, prestava muita atenção às notas que recebia e àquilo que então expressava a satisfação do professor, as palavras *"wurde belobt"* [*foi elogiada*]. Não eram fornecidos relatórios detalhados, apenas notas e essas palavras específicas no caso de um aluno muito bom. Lembro-me do primeiro dia na escola, quando a professora, lidando com muitas crianças tímidas e ansiosas, perguntou-lhes seu nome da seguinte maneira. Quando ela perguntava: "Quem se chama Marie?", as pequenas meninas chamadas Marie tinham de levantar a mão e dizer: "Meu nome é Marie". Esperei ansiosamente que chegasse a minha vez, embora várias crianças estivessem debaixo dos bancos, tão ansiosas que tinham de ser puxadas para fora para dizerem seus nomes. Meu nome, sendo um pouco incomum, não aparecia, e, incapaz de esperar mais tempo, quando a professora disse: "Quem se chama Marie?", levantei a mão; quando ela disse: "Agora diga gentilmente: 'Meu nome é Marie'", eu disse: "Meu nome é Melanie". Ela olhou para mim com um pouco de reprovação e disse: "Sua vez ainda não chegou", e eu me senti bastante envergonhada, porém na verdade não havia outra Melanie e minha vez não teria chegado.

Foi nessa época que tive governantas francesas. A primeira foi a srta. Chapuis. Meus pais a contrataram por intermédio de alguma agência de um convento e sei que ela era muito religiosa. Ela era muito gentil e não me lembro de nada desagradável a seu respeito. Mas ela não ficou muito tempo porque sentia muita saudade de casa. Ela recomendou uma jovem do mesmo convento, srta. Constance Sylvester. Ela ainda usava tranças, tinha 19 anos e no início era muito tímida e ansiosa, mas desabrochou muito rapidamente. Era muito boa comigo e se interessava pelos meus pensamentos, enquanto os outros membros da família me mimavam e me admiravam, mas não estavam particularmente interessados no que acontecia em minha mente. A srta. Chapuis me levava frequentemente para a igreja junto com ela e eu me ajoelhava quando ela o fazia. Sentia-me extremamente culpada por isso, porque estava convencida de que meus pais, sendo judeus, não teriam concordado que eu me ajoelhasse em uma igreja católica e participasse das missas. No entanto, eu não queria perder a srta. Chapuis, pois, por outro lado, ela era muito gentil comigo e eu gostava muito dela, e eu também tinha um sentimento de atração pelas missas católicas. Deve ter havido, e, de fato, sei que houve alguma revolta contra minhas origens judaicas e uma atração por algo diferente. Constance não fez isso. Ela logo pareceu perder parte de seu fervor e se tornou extremamente alegre. Eu era a sua favorita, não só porque ela me compreendia, mas acho que eu também a compreendia melhor que os ou-

Melanie Klein: autobiografia comentada

tros. Sei que meu irmão a provocava muito. Minha irmã Emilie era uma péssima aluna, e, como comigo não havia nenhum problema, nosso relacionamento foi de muita proximidade. Eu tinha outro segredo que não contei à minha mãe e que me fez sentir muito culpada, que era o seguinte: quando ela saía comigo, de acordo com a moda vienense, os jovens conversavam com ela, e, em algumas ocasiões, ela permitia que eles caminhassem com ela na rua. Eu tinha certeza de que minha mãe desaprovaria isso, mas minha lealdade a Constance não me permitia denunciá-la. Ela desistiu disso a uma certa altura, provavelmente sentindo que era algo errado.

Essa atração pela Igreja católica, estimulada pela srta. Chapuis, resultou posteriormente, quando eu tinha 9 ou 10 anos, em algumas coisas que me torturavam e que eu só podia confessar a Constance. Era um sentimento de que um dia eu me tornaria católica e de como isso machucaria meus pais. Lembro-me que lhe disse: "não quero fazer isso, mas terei de fazê-lo", e ela respondeu de forma muito compreensiva: "Bem, se você tiver de fazer isso, não há como impedir". Essa atração pelo catolicismo manifestou-se também na escola, quando me sentia privada de algo, ao ver as crianças católicas correndo para o padre e beijando-lhe a mão. Lembro-me de que em certa ocasião me enchi de coragem e também lhe beijei a mão. Ele passou a mão na minha cabeça de uma forma muito amigável, mas aquela ocasião eu não mencionei a ela.

Por volta dos 14 anos, eu havia decidido que estudaria medicina, mas talvez tenha sido estimulada a isso por ouvir meu pai dizer a um paciente que eu frequentava o ginásio. Naquela época, isso não era verdade, porque eu estava frequentando o liceu (*lycée*), onde aprendia francês, inglês e todas as outras coisas que uma menina de boa família deveria saber. Naquele exato momento, decidi que mudaria para o ginásio, e, como estávamos no meio do ano, meu irmão me ensinou latim e grego para que eu pudesse acompanhar as matérias ensinadas no ginásio. Ainda me lembro, e me divirto com isso, que, embora ele estivesse muito disposto a me ajudar, era um professor bastante impaciente. Minha tarefa de casa de um dia para o outro foi aprender as quatro conjugações em latim, e, quando as confundi, ele gritou de raiva: "E você quer estudar! Você vai se tornar uma ajudante de loja". Ainda assim, com a preparação, passei no exame, que consistia principalmente de latim e grego, e a vida assumiu um aspecto inteiramente diferente para mim.

Eu devia estar desejando estudar ou fazer alguma coisa, sem que estivesse consciente disso. Agora eu sabia que estudaria medicina e até pensava em psiquiatria. Estava extremamente feliz naquela escola, onde a inteligência das meninas era acima da média e os professores eram muito mais interessantes e interessados do que na escola anterior. Eu estava aguardando ansiosamente e com grande alegria os futuros estudos na universidade, ainda que nesse período a situação financeira em casa fosse

Melanie Klein: autobiografia comentada

muito difícil, pois meu pai se tornava cada vez mais senil e a casa estava sendo mantida pelas incansáveis capacidades de minha mãe. Eu suportava todos os tipos de privações, em comparação às dos meus colegas de escola, com bastante facilidade. Em raras ocasiões pude ganhar um vestido novo, teatros e concertos também eram ocorrências raras, mas eu tinha um contato alegre e feliz com meus colegas de escola e logo fui apresentada aos amigos do meu irmão. Tratava-se em geral de um círculo muito intelectual em que vivi e desabrochei. Esse também foi um tempo em que eu lia apaixonadamente tudo o que eu podia conseguir, até altas horas da noite. Minha mãe não sabia disso, pois meu quarto era separado do dela. Sei que fiz grande parte da minha preparação no bonde, que na época ainda era puxado por cavalos. Eu fiquei para trás em geometria, uma matéria da qual não gostava, e um amigo do meu irmão se comprometeu a me ajudar. Ele se apaixonou profundamente por mim, e, nessa época, eu também tive a oportunidade de conhecer alguns outros jovens e, quando tinha 17 anos, conheci meu futuro noivo. Naquela época, na verdade, havia quatro jovens apaixonados por mim, os quais eu sei que gostariam de casar comigo. Fiquei muito impressionada com o meu noivo, que me pareceu intelectualmente notável, e novamente temo ter sido influenciada pela opinião de meu irmão, que se tornou amigo dele. Ele era um primo de segundo grau e nos visitou por esse motivo, mas se apaixonou por mim e rapidamente resolveu a questão, me pedindo em casamento. Embora naquele momento eu fosse intelectualmente muito adiantada, tivesse lido muito e houvesse sido estimulada por um círculo muito intelectual, e, portanto, me considerasse madura, em muitos aspectos eu era apenas uma criança. Nessa época da vida, o intelecto era o que mais me impressionava. Acho que fiquei lisonjeada e impressionada com a proposta de casamento do meu futuro noivo, embora estivesse claro que deveríamos esperar algum tempo. Ele já tinha seu diploma de engenheiro, mas ainda tinha de se afirmar na vida. Aceitei sua proposta de casamento e não demorou muito para me apaixonar por ele. Daquele momento em diante, tornei-me tão leal a ele que me abstive de qualquer entretenimento em que pudesse ter conhecido outros jovens e nunca expressei nenhum sentimento do que já existia em minha mente, de que não éramos realmente feitos um para o outro. Senti-me impedida de mencionar isso para minha mãe ou meu irmão, tanto pela lealdade ao meu noivo, por quem até certo ponto eu estava apaixonada, como pelas circunstâncias. Muitas vezes me pergunto se meu irmão, com quem eu tinha uma conexão tão profunda e próxima, não percebeu que eu estava fazendo a coisa errada, e se ele não sabia inconscientemente que eu me tornaria infeliz. Ele logo deixou seus estudos de medicina e foi viajar com muito pouco dinheiro, não suportava mais permanecer em Viena. Certamente não falei das minhas dúvidas para ele nem para minha mãe; assim, embora eles possam ter pensado que meu noivo era uma pessoa difícil, também sabiam que eu estava apaixonada por ele e pensaram que eu não me importava que ele fosse uma pessoa difícil. Devo admitir que, desde que a minha irmã se casou e que meu cunhado assumiu o consultório odontológico do meu pai, toda a nossa situação financeira havia se tornado mais difícil e não teria sido fácil para mim voltar aos estudos, o que eu ansiava fazer. Se esse foi ou não o principal fator pelo qual fiz algo que sabia estar errado – meu casamento –, não posso dizer, mas deve ter sido uma razão importante.

Quando fiquei noiva, meu noivo já havia terminado seus estudos de engenharia química, mas ainda precisava ter mais experiência e um emprego, de modo que o casamento foi planejado para dois ou três anos mais tarde. Aproveitei esse tempo para frequentar cursos de arte e história na Universidade de Viena, mas mesmo então eu sentia que não estava fazendo o que realmente gostaria de fazer, que era estudar medicina. Meu noivado durou quatro anos e eu me casei no dia seguinte ao meu 21º aniversário. Meu marido tinha um emprego em uma fábrica de papel, que pertencia em parte a seu pai, em Rusemberck, que na época fazia parte da Hungria, mas cuja população era predominantemente eslovaca. Depois da guerra, tornou-se parte da Checoslováquia.

Minha primeira filha, Melitta, nasceu dez meses depois, em 19 de janeiro de 1904, e fiquei muito feliz com ela. Era muito apegada a mim, assim como à babá, uma boa camponesa eslovaca. Naquela época, aprendi eslovaco e falava a língua fluentemente. Melitta era um bebê lindo e bastante fácil e logo se mostrou muito inteligente.

Envolvi-me o quanto me foi possível na maternidade e no interesse pela minha filha, e minha mãe, que praticamente havia perdido sua casa em função de diferentes circunstâncias, veio morar conosco, o que foi um grande conforto para mim. Sabia o tempo todo que eu não estava feliz, mas não via saída alguma.

Considerando o pouco que eu havia viajado quando menina, fiz duas viagens importantes: uma com meu marido, quando Melitta tinha 1 ano, para Trieste, Abbasia e Veneza, e a segunda viagem mais marcante, em maio de 1906, para Roma, Nápoles e Florença, que me abriu um novo mundo. Eu era totalmente infatigável para ver pinturas e esculturas, e essas viagens, das quais meu marido também gostava muito, me davam muita felicidade. Minha lua de mel também havia sido uma experiência semelhante, pois viajamos para Zurique, e, no caminho, fomos para Constança. Foi tudo muito novo e impressionante para mim, pois eu mal tinha viajado antes.

Três anos após o nascimento de Melitta, nasceu meu filho Hans, em 2 de março de 1907. Ele se desenvolveu bem e eu também o amamentei. Nos primeiros estágios de sua vida, ele mostrou uma precocidade e uma capacidade intelectual bastante notáveis. Aos 18 meses, ele falava eslovaco (passei os primeiros três anos em uma cidade eslovaca, onde meu marido era engenheiro em uma fábrica de papel) e alemão, que eu cultivava no começo, de tal

forma que ele podia falar em alemão comigo para em seguida falar eslovaco com a babá sem nenhuma dificuldade.

Quando Melitta tinha 3 anos de idade, seis semanas
depois de Hans nascer, meu marido conseguiu um cargo
melhor como diretor de várias fábricas na Silésia, e passamos a morar em Krappitz, uma cidadezinha provinciana
sem nenhum encanto, e eu me sentia muito infeliz, não
encontrei ninguém com quem pudesse ao menos conversar. O fato de minha mãe morar conosco me dava muita
força. Isso foi de grande ajuda para mim, já que a incom-
patibilidade entre os gênios e as opiniões minhas e do meu
marido estava se tornando cada vez mais óbvia. Fico feliz
em dizer que ele gostava dela e nunca teve objeção a ela
viver comigo, já que ela era uma pessoa muito reservada e
tranquila. Não houve problema entre ele e ela.

A seguir, em parte porque eu me sentia infeliz ali, ele
aceitou um novo cargo em Budapeste, onde também era
diretor de várias fábricas, e ali achei a vida inteiramente diferente. Havia parentes de meu marido aos quais me
apeguei, e toda a vida em Budapeste, com teatros, festas e
companhia agradável, contrastava completamente com os
três anos que passei na pequena cidade da Silésia, que parecia habitada por pessoas com mente estreita, com quem
eu não tinha nada em comum.

Meu terceiro filho, Eric,[17] nasceu um mês antes do
início da Primeira Guerra Mundial, e quando ele tinha 5

---

17 Erich Klein alterou o seu nome para Eric Clyne durante a Segunda Guerra

anos deixamos Budapeste. Essa guerra, do ponto de vista húngaro, foi levada a cabo sem nenhum interesse. As pessoas sabiam muito bem que a monarquia austro-húngara estava condenada, algo que eu havia ouvido muito antes de a guerra começar. Havia alimentos em abundância para as pessoas que podiam pagar por eles, e a ideia, tão importante durante a Segunda Guerra Mundial na Inglaterra, de que não se deveriam comprar coisas quando outros não tivessem recursos para isso, não existia ali. A população civil não corria perigo, a guerra estava acontecendo em outro lugar. Quando o regime comunista, de curta duração, mas muito rigoroso, começou em 1919, no final da guerra, deixamos Budapeste e fui morar por um ano na Eslováquia com meus sogros, com os quais eu sempre me entendi muito bem, especialmente com a minha sogra. Meu marido conseguiu um emprego na Suécia. Tendo sido austríaca por nascimento, agora me tornara cidadã tchecoslovaca. Meu marido, estabelecendo-se na Suécia, logo se tornou cidadão sueco, já que não gostava muito de ser tchecoslovaco. Dessa forma, tornei-me cidadã sueca, o que, em uma data posterior, foi muito útil para mim. Isso foi a preliminar da nossa real separação, e durou até 1922, quando nos divorciamos. Levei comigo meu filho mais novo, que tinha apenas oito anos, e também tinha o direito de ficar com meus outros dois filhos, mas isso não era

---

Mundial, em 1937 (Grosskurth, p. 256). Melanie Klein utiliza em seu texto a grafia modificada.

viável na época, pois eu ainda dependia financeiramente do meu marido.

Durante o tempo em que vivi em Budapeste, tornei-me profundamente interessada em psicanálise. Lembro-me de que o primeiro livro de Freud que li foi o pequeno livro sobre sonhos[18] (não *Interpretação dos sonhos*) e que, quando o li, sabia que era isso — era isso o que procurava, pelo menos durante aqueles anos em que estava muito ansiosa para encontrar o que me satisfizesse intelectual e emocionalmente. Comecei uma análise com Ferenczi, que era o mais notável analista húngaro. A técnica naquele tempo era extremamente diferente da atual, e a análise da transferência negativa não entrava em jogo. Tive uma transferência positiva muito forte e sinto que não se deve subestimar o efeito disso, embora, como sabemos, isso nunca possa fazer todo o trabalho.

Durante essa análise com Ferenczi, ele chamou minha atenção para meu grande talento para compreender as crianças e para meu interesse por elas, e me encorajou muito na minha ideia de me dedicar à análise, particularmente à análise de crianças. Eu tinha, evidentemente, três filhos naquela época e, como disse, não achava que a informação proveniente da educação e da compreensão

---

18 Trata-se do livro *Sobre os sonhos* (1901), de Sigmund Freud, uma versão abreviada de seu *Interpretação dos sonhos* (1900). Klein provavelmente o leu por volta de 1914 (Grosskurth, 1986/1992, p. 80).

pudesse cobrir um entendimento completo da personalidade e, portanto, exercer a influência que se desejaria.
Sempre tive a sensação de que por trás disso havia algo
que eu não conseguia alcançar. Tenho muito a agradecer
a Ferenczi. Uma coisa que ele me transmitiu e que fortaleceu em mim foi a convicção na existência do inconsciente e da sua importância para a vida mental. Também
apreciei estar em contato com alguém como ele, um homem de talentos incomuns. Ele tinha um traço de gênio.
Além disso, fortaleceu em mim o desejo de me voltar para
a análise de crianças, e, de fato, fez isso contando a Abraham a respeito no congresso de 1919 em Haia.

Eu ouvi Freud em um congresso conjunto das Sociedades Austríaca e Húngara em 1917[19] – uma memória
muito importante para mim – e me lembro vividamente
de como fiquei impressionada e de como o desejo de me
dedicar à psicanálise foi fortalecido em mim por essa impressão. Em 1919, eu já havia feito alguma psicanálise com
uma criança e li um artigo perante a Sociedade Psicaná-
tica Húngara, que despertou grande interesse (tornou-se
o primeiro capítulo de meu livro *Contribuições à psicanáli-*

---

19 "Klein parece se referir à ocasião em que ouviu Freud apresentar o seu artigo
'Linhas de progresso na terapia psicanalítica' (1919[1918]) durante o V Congresso Internacional de Psicanálise, em Budapeste, em 28-9 de setembro de
1918" (Sayers & Forrester, 2013, p. 149). Segundo Grosskurth (1986/1992, p.
82), essa teria sido a primeira vez que Melanie Klein viu Freud em pessoa.

Melanie Klein: autobiografia comentada

se).[20] Foi com esse artigo que me tornei membro pleno da Sociedade Húngara.[21] Nunca tive nenhuma supervisão.

Lembro-me com gratidão de Anton von Freund,[22] que me encorajou muito e estava bastante convencido de que aqui havia um talento que estava desabrochando e que deveria ser usado. Lamento que ele tenha morrido jovem — de câncer —, sempre achei que teríamos sido amigos, e ele continua sendo uma das boas figuras da minha vida. Naquela ocasião, ele levantou algumas questões para mim, que não pude responder na época, mas que, em retrospecto, parecem bastante relevantes para uma compreensão profunda das crianças, que então não era tão pronunciada em mim.

---

20 Livro publicado por Melanie Klein em 1947, reunindo seus escritos até o momento [edição brasileira: (1970). *Contribuições à psicanálise*. São Paulo: Mestre Jou].

21 "O romance familiar em *statu nascendi"*, apresentado na Sociedade Psicanalítica Húngara em 1919. A continuação desse trabalho foi apresentada em 1921 na Sociedade de Berlim, com o título "A resistência da criança ao esclarecimento". As duas apresentações foram posteriormente reunidas em um único artigo, "O desenvolvimento de uma criança" (1921) [In Klein, M. (1996). *Amor, culpa e reparação e outros trabalhos: 1921-1945* (Obras completas de Melanie Klein, vol. 1, pp. 21-75). Rio de Janeiro: Imago.].

22 Anton von Freund (1880-1920), eminente personalidade húngara e diretor de uma fábrica de cerveja, foi um grande apoiador e mecenas da psicanálise. Freund teve participação ativa na Sociedade Psicanalítica Húngara e na International Psychoanalytic Association (IPA), financiando ainda a criação da editora Internationale Psychoanalytische. Em 1919, organizou em Budapeste o Centro de Pesquisas sobre Psicologia Infantil, convidando nessa ocasião Melanie Klein para ser sua assistente.

Depois de ter vivido por um ano com meus sogros, que foram muito hospitaleiros, decidi mudar para Berlim. Naquela época, o distanciamento entre meu marido e eu aumentara muito. O motivo para eu ir a Berlim foi ter conhecido no Congresso de Haia, em outono de 1920, e já como membro da Sociedade Húngara, Abraham,[23] que me incentivou fortemente a me instalar em Berlim e me dedicar à análise de crianças. Ele me ofereceu seu apoio, uma promessa que, como outras que fez, cumpriu plenamente.

Assim, cheguei a Berlim no início de 1921. Minha filha, que havia terminado seus estudos de ensino médio (*Abitur*) na cidade eslovaca onde eu morava com meus sogros, juntou-se a mim, e meus três filhos estavam comigo. Ela foi para a Universidade de Berlim para estudar medicina e eu comecei lentamente a ganhar terreno em Berlim como psicanalista. Uma descrição de como logo obtive acesso às camadas mais profundas da mente em crianças é dada em meu artigo "A técnica do brincar e sua história e significado", em "Novas Direções".[24] Muitas vezes me per-

---

23 Karl Abraham (1877-1925), psicanalista berlinense e um dos fundadores da Policlínica Psicanalítica de Berlim em 1920 (primeiro centro de tratamento, pesquisa e instituto de formação), onde Melanie Klein trabalhou. Os aportes teóricos de Abraham foram fundamentais à psicanálise e tiveram profunda influência no pensamento de Klein ao longo de toda a sua obra.

24 Klein, M. (1991). A técnica psicanalítica através do brincar: sua história e significado. In M. Klein, *Inveja e gratidão e outros trabalhos: 1946-1963* (Obras completas de Melanie Klein, vol. 3, pp. 149-168). Rio de Janeiro: Imago. O artigo, cuja primeira versão data de 1953, foi publicado em 1955 no livro *New Directions in Pscho-Analysis*, uma coletânea de artigos organizada por

guntaram como lidava com as crianças da maneira como o fiz, o que era inteiramente não ortodoxo e, em muitos casos, contrastava com as regras estabelecidas para a análise de adultos. Ainda não consigo responder o que me fez sentir que era a ansiedade que eu deveria tocar e por que eu continuei nesse caminho, mas a experiência confirmou que eu estava certa, e, até certo ponto, o início da minha técnica de brincar remonta ao meu primeiro caso.

Meu interesse pela mente das crianças remonta a muito tempo atrás. Lembro-me de que, mesmo sendo uma criança de 8 ou 9 anos, me interessava em observar crianças mais novas, mas tudo isso ainda estava adormecido até se tornar vivo em meu trabalho psicanalítico. Ou melhor, tornou-se muito vivo em minhas relações com meus filhos. Talvez o fato de muitas ideias sobre educação não terem tido o efeito que eu visava tenha contribuído para minha convicção de que havia algo mais profundo – o inconsciente, que precisará ser enfrentado, se alguém quiser provocar mudanças nas dificuldades das crianças. A partir de 1922, quando o divórcio se tornou efetivo, meu consultório em Berlim cresceu e tive oportunidade de analisar crianças, também alguns filhos de colegas meus, e algumas das abordagens fundamentais que usei permane-

---

Melanie Klein, Paula Heimann e Roger Money-Kyrle. A edição brasileira foi publicada em duas partes, nos livros *Novas tendências em psicanálise* e *Temas de psicanálise aplicada*, ambos pela editora Zahar, em 1969.

cem válidas até hoje. Sem dúvida, muito foi acrescentado, mas tudo isso é mostrado em meus trabalhos e livros.

A dra. Hug-Hellmuth[25] estava fazendo análise de crianças naquele momento em Berlim (mais tarde, ela tornou-se a esposa de Muller-Braunschweig), mas de forma muito restrita. Ela evitava completamente interpretações, embora usasse algum material lúdico e desenhos,

---

25 "Esta é uma passagem curiosa, uma vez que Hermine Hug-Hellmuth trabalhou em Viena, a primeira mulher na Sociedade Vienense; e ela nunca foi casada com Carl Muller-Braunschweig, permanecendo uma solteirona (ver G. Maclean & U. Rappen [1991]. *Hermine Hug-Hellmuth: Her Life and Work*. London: Routledge). Até onde sei, essas são as únicas imprecisões. São erros gritantes, e pode haver uma razão para isso. Hug-Hellmuth era o centro de algumas crises graves no mundo psicanalítico por volta de 1920: (i) ela forjou um suposto diário de uma jovem, que confirmou as teorias psicanalíticas sobre o desenvolvimento sexual, e (ii) foi assassinada em 1924 por seu filho adotivo, que ela havia criado de acordo com os princípios psicanalíticos. Esses fatos podem ser encontrados em Maclean e Rappen (1991). Não surpreende que tais incidentes impactassem com algum efeito perturbador os psicanalistas em geral, e alguém como Melanie Klein, especialmente interessada no impacto das ideias psicanalíticas nas crianças. Havia, de fato, várias outras pessoas na Sociedade de Berlim que estavam trabalhando psicanaliticamente com crianças na época. Uma era Ada Schott, que se casou com Carl Muller-Braunschweig, em (eu acredito) 1925. Possivelmente, a memória equivocada de Melanie Klein é compreensível, em vista do trauma e tumulto sobre o uso da psicanálise com crianças nessa época em meados da década de 1920" (Hinshelwood).

Sayers e Forrester (2013, p. 159) presumem que, em vez de Hermine Hug-Hellmuth (1871-1924), Klein estivesse na verdade se referindo à Josine Muller (1884-1930), analista de crianças em Berlim no período em questão e primeira esposa (Ada Schott foi sua segunda esposa) de Carl Muller-Braunschweig, fundador e presidente da Associação Psicanalítica Alemã.

Melanie Klein: autobiografia comentada

e nunca consegui ter uma ideia do que ela realmente fazia; ela tampouco analisava crianças com menos de 6 ou 7 anos. Tenho certeza de que tínhamos muito pouco em comum, e ela relutava muito em ter algo a ver comigo. Não creio que seja pretensioso demais dizer que introduzi em Berlim os primórdios da análise de crianças. Tive sucesso em meu trabalho e tratei de uma criança enviada pelas autoridades escolares, embora sua análise tenha sido interrompida. Tudo isso contribuiu para ampliar minha prática. Acredito que, se eu tivesse persistido em ficar em Berlim e continuasse a ter o apoio de Abraham, a análise de crianças segundo minhas diretrizes teria se estabelecido.

Assim, trabalhei por conta própria em Berlim e me lembro de apenas uma ocasião importante em que pedi o conselho de Abraham. Isso se deu quando a ansiedade de uma criança aumentou de uma forma que me assustou. Abraham mais ou menos me aconselhou a continuar, algumas mudanças bastante importantes ocorreram na criança, e o que se revelou ao final foi que eu estava em um clímax e que, alguns dias depois, a ansiedade diminuiu novamente. Essa experiência foi definitiva no desenvolvimento de meus métodos de abordagem. Eu sabia então que era a ansiedade que precisava ser analisada e que, se as razões inconscientes para ela pudessem ser encontradas, com todas suas implicações, ela poderia ser diminuída.

Conheci Ernest Jones em um congresso em Salzburgo, em 1925, onde apresentei meu primeiro artigo sobre

a técnica de análise com crianças,[26] uma abordagem inteiramente nova, completamente controversa e fortemente questionada por muitos analistas. Ernest Jones ficou
muito impressionado com isso e lembro que, quando lhe
perguntei se publicaria um artigo meu no *International
Journal of Psychoanalysis*, ele disse que publicaria um livro
meu, caso escrevesse um. Isso foi muito encorajador, assim como o foi a impressão de Abraham sobre o valor
do meu trabalho com as crianças. Ele era muito cautelo-
so, um verdadeiro cientista, que pesava cuidadosamente
os prós e os contras, sem ser influenciado pela emoção,
mas que parecia sentir que algo aqui estava crescendo,
que poderia ser de grande importância. Foi inesquecível,
quando, por ocasião de minha participação de um congresso em 1925, ele disse ao final da leitura do meu artigo
("Erna's history"),[27] que mais tarde se tornou um capítulo
de *A psicanálise de crianças*, que o futuro da psicanálise es-

---

26 O VIII Congresso Internacional de Psicanálise, onde Klein encontrou Ernest Jones pela primeira vez, ocorreu em Salzburgo em abril de 1924. Na
ocasião, Klein apresentou o trabalho "A técnica de análise de crianças pequenas", publicado posteriormente como capítulo em *A psicanálise de crianças*, de 1932 (In Klein, M. (1997). *A psicanálise de crianças* [Obras completas de
Melanie Klein, vol. 2]. Rio de Janeiro: Imago).

27 Klein, M. (1997). Uma neurose obsessiva em uma menina de seis anos de
idade. In M. Klein, *A psicanálise de crianças* (Obras completas de Melanie
Klein, vol. 2, cap. 3). Rio de Janeiro: Imago. Trabalho apresentado pela
primeira vez por Melanie Klein no I Encontro de Psicanálise Alemã em
Würzburg em outubro de 1924.

Melanie Klein: autobiografia comentada

taria na análise de crianças. Ele nunca havia expressado antes sua opinião tão fortemente para mim, e, como eu, naqueles primeiros anos, não estava realmente consciente da importância da contribuição para a psicanálise que eu estava fazendo, suas palavras me surpreenderam. Sentia que estava trabalhando da única maneira que alguém poderia trabalhar com crianças, embora, é claro, eu estivesse satisfeita com os resultados e com alguns artigos que eu já havia escrito. Eu não avaliava minhas contribuições da maneira como elas foram julgadas por muitas pessoas desde então, e como eu mesma agora as julgo, ao considerar quanta luz elas lançaram, não apenas na mente da criança, mas em todo o desenvolvimento do adulto, e que elas se tornaram uma abordagem por meio da qual pessoas realmente doentes podem ser curadas ou podem melhorar, e que muitas crianças que nunca seriam curadas receberam alguma ajuda dessa maneira.

Em 1925, Ernest Jones, estimulado pela opinião da sra. James Strachey,[28] que na época estava em análise com

---

28 Alix Strachey (1892-1973), psicanalista de origem norte-americana, esposa de James Strachey (1887-1967). Proveniente de uma família de intelectuais, Alix participou do grupo de Bloomsbury e desempenhou importante papel na tradução para o inglês de muitos textos psicanalíticos. Além de colaborar com seu marido na tradução das obras de Freud, Alix foi também tradutora de Abraham e a primeira a traduzir Melanie Klein, com quem conviveu e de quem se tornou amiga em Berlim em 1924.

Abraham em Berlim,[29] e da sra. Riviere,[30] que desde o princípio teve grande interesse em meu trabalho, me convidou para dar palestras sobre análise de crianças na Inglaterra. Naquela época, eu havia tido a possibilidade de fazer análise com Abraham, sentindo muito fortemente que aquilo que Ferenczi não pôde fazer poderia ser feito. Esse foi um fator muito importante no meu desenvolvimento. Na época eu ainda estava infeliz, sentindo muito meu divórcio, e me via precisando de alguma ajuda e também impulsionada pela vontade de conhecer mais. Quando me aproximei de Abraham com o pedido de uma análise, ele me disse que se tornara um princípio para ele não analisar ninguém que permanecesse em Berlim. Ele estava se referindo a algumas situações muito desagradáveis que resultaram de análises interrompidas com colegas que se tornaram hostis a ele. Não sei onde encontrei coragem, mas minha resposta foi: "Poderia me falar de alguém em Berlim que eu possa considerar a ponto de ir procurá-lo para análise?" Ele nunca me respondeu a essa pergunta,

---

29 "Ver Bloomsbury/Freud, que são as cartas entre James e Alix quando ela, Alix, estava em Berlim durante sua análise com Abraham em 1924-1925, e que dá uma visão da Sociedade de Berlim, incluindo Melanie Klein" (Hinshelwood).

30 Joan Riviere (1883-1962), membro fundador da Sociedade Britânica de Psicanálise, tradutora para o inglês de obras de Freud e Klein. Publicou em 1937 com Melanie Klein o livro *Amor, ódio e reparação*, reunindo palestras realizadas no ano anterior. Riviere foi íntima colaboradora de Klein na construção e na difusão de sua teoria.

mas me aceitou para análise. Tive de esperar alguns meses, e a análise começou no início de 1924 e chegou ao fim quando Abraham ficou muito doente no verão de 1925 e morreu no Natal daquele ano; uma grande dor para mim e uma situação muito dolorosa de vivenciar.

Para retornar ao convite de Ernest Jones para dar palestras sobre análise de crianças, eu havia negligenciado a escrita do meu artigo sobre meu trabalho com crianças na forma de palestras. Tive seis semanas para escrever seis palestras, que na época foram traduzidas para o inglês pela sra. Strachey e mais uma ou duas pessoas que também ajudaram. Em 1925, tive a experiência maravilhosa de falar para uma plateia interessada e compreensiva em Londres — todos os membros estavam presentes na casa do dr. Stevens,[31] porque naquela época ainda não havia um instituto onde eu pudesse ministrar essas palestras. Ernest Jones me perguntou se eu responderia a perguntas na discussão. Embora tivesse aprendido bastante inglês em aulas particulares e na escola, meu nível ainda não era bom e lembro bem que estava adivinhando um pouco o que me perguntavam, mas me pareceu que pude satisfazer meu público dessa maneira. As três semanas que passei em Londres, dando duas palestras por semana, foram um dos momentos mais felizes da minha vida. Encontrei

---

31 "Refere-se a Adrian Stephen, embora MK tenha escrito incorretamente. Ele era o irmão mais novo de Virginia Woolf (nascida Stephen)" (Hinshelwood).

muita simpatia, hospitalidade e interesse, e também tive a oportunidade de ver algo da Inglaterra e desenvolver uma grande simpatia pelos ingleses. É verdade que, mais tarde, as coisas nem sempre correram tão facilmente, mas essas três semanas foram muito importantes para a minha decisão de viver na Inglaterra. Em 1926, Ernest Jones me convidou para passar um ano na Inglaterra para analisar os filhos de alguns colegas. No início, tratava-se de seis crianças, incluindo dois filhos de Ernest Jones. Lembro-me de que meus colegas de Berlim disseram que eu estava absolutamente louca por fazer isso, já que, com certeza, levaria a uma catástrofe com meus colegas, mas não achei que fosse assim. Na verdade, com exceção de um caso em que tive alguma dificuldade com a mãe, as coisas correram muito bem. Eu já havia começado a analisar também adultos em Berlim e continuei a fazê-lo em Londres. Depois de alguns meses, e aqui acho que também houve influência da sra. Riviere e da sra. Strachey, Ernest Jones me perguntou se eu queria me instalar em Londres. Eu estava bem à vontade para decidir sobre o meu futuro e aceitei a sugestão, especialmente porque, desde a morte de Abraham, em 1925, a Sociedade de Berlim começara a se deteriorar e o apoio ao meu trabalho se tornara muito questionável. Três meses depois de eu ter ido para a Inglaterra, pude levar também meu filho, Eric, que eu deixara em Frankfurt com a família de um professor. Ele tinha então 12 anos e meio, e, quando completou 13 anos e meio, depois de ter estudado com aulas particulares e no

Hall, passou no exame da St. Paul's, onde terminou seus estudos. Meu filho Hans escolhera ser engenheiro e fabricante de papel e se tornara mais ou menos independente do pai. Minha filha Melitta havia terminado seus estudos de medicina, mas decidiu tornar-se analista, casou-se e se estabeleceu com o marido na Inglaterra em 1932.

Quando, no início dos anos 1930, se abriu para mim uma possibilidade nos Estados Unidos, nem sequer a considerei. A Inglaterra havia se tornado minha pátria adotiva e, como a situação na Áustria já não era atraente, tanto do ponto de vista analítico quanto por outras razões (em 1926 apareceu o livro de Anna Freud,[32] que deu início a uma controvérsia eterna contra mim, e a sociedade vienense era extremamente hostil a mim e ao meu trabalho), não havia mais nada que me atraísse a viver na Áustria. Minha mãe, que morava comigo, morreu em 1914, no começo da guerra, e meu único vínculo com Viena era minha irmã, que morava lá, mas essa ligação não era forte o suficiente para me levar de volta. Dessa forma, realmente aceitei a Inglaterra cada vez mais como meu país e passei

---

32 Anna Freud (1895-1982) publicou, em 1926, *Einführung in die Technik der Kinderanalyse* ("Introdução à técnica da análise de crianças"), incluído posteriormente no livro *O tratamento psicanalítico de crianças* (1946), onde critica abertamente a técnica do brincar de Klein. Sua resposta a Anna Freud se deu em maio de 1927 com a apresentação do trabalho "Simpósio sobre análise de crianças" (In M. Klein (1996), *Amor, culpa e reparação e outros trabalhos: 1921-1945* [Obras completas de Melanie Klein, vol. 1, cap. 7, pp. 164-198]. Rio de Janeiro: Imago [Trabalho original publicado em 1927]).

pela Segunda Guerra Mundial compartilhando todos os sentimentos do povo inglês naquela época. Isso foi muito ampliado pelo fato de Hitler ter destruído muitos de meus amigos em vários países e de a Alemanha ter se tornado um país que eu abominava. Apesar de tantas dificuldades surgidas na sociedade psicanalítica na Inglaterra a partir de 1935, nunca me arrependi de ter vindo para cá, de ter trabalhado aqui e de ter fundado uma escola de pensamento e uma abordagem para análise de crianças e de adultos, que, penso, não será jamais extinta por tendências opostas. Dentro dos limites da capacidade humana, sinto que fiz algo que talvez no futuro possa se provar ter sido uma grande contribuição para a compreensão da mente humana. Tudo isso está ligado à minha atitude em relação à Inglaterra, e lembro com gratidão que Ernest Jones ficou ao meu lado até 1935, data a partir da qual ele começou a se retirar cada vez mais do conflito, antes mesmo da guerra.

Minha memória é, como já disse tantas vezes, a de que eu era de certa forma mimada e presunçosa, e não sentia que era completamente compreendida. Eu certamente queria muito elogios e gostava de estar na foto. De certo modo, eu era o oposto de tímida e mais ou menos o que se chamaria de *vorlaut* [atrevida, em alemão]. Outra característica, ligada ao desejo de elogios e admiração, é que sempre fui muito ambiciosa. A partir do momento em que entrei na escola, para mim foi muito importante obter as melhores notas possíveis, e essa atitude, lembro-me, perdurou até a minha ida ao ginásio. Ali comecei a me interessar muito pelas matérias em si; eu tinha professores muito interessantes, colegas de escola muito inteligentes, e acho que minha ambição já havia diminuído nessa época. Quando comecei o trabalho psicanalítico, eu ainda era, penso, muito ambiciosa; é contraditório que, ao mesmo tempo, eu não tivesse ideia de que estava realmente apresentando contribuições inteiramente novas para a teoria e realmente senti que isso era algo autoevidente. Eu não era vaidosa naquela época, porque achava que nenhuma outra conclusão poderia ser tirada ao analisar as crianças e seguir o que Freud havia estabelecido. No entanto, nos anos que se seguiram, ainda me senti muito ambiciosa, e a luta que tive contra meus críticos – isso se tornou muito forte após a morte de Abraham e em particular quando o livro de Anna Freud, que denigria meu trabalho, apareceu – referiu-se não só ao meu trabalho, mas também a mim mesma. Quer dizer, no começo do meu trabalho psicanalítico, a velha ambição ainda estava lá. Quanto mais eu progredia, menos ela crescia. Minha própria psicanálise, que desempenhou papel tão importante no meu desenvolvimento, deve ter contribuído para isso, porque cada vez mais perdi minha ambição pessoal, que provavelmente se aplica mais aos anos 1930, e concentrei-me no interesse de produzir o que sei ser uma contribuição extremamente importante para a psicanálise. Essa mudança da ambição pessoal para proteger meu trabalho deve ter ocorrido junto com grandes mudanças em mim mesma. Não há dúvida de que eu havia me tornado, desde o início de meu trabalho analítico, dedicada à psicanálise, e a sensação de que esse era o principal objeto a ser protegido diminuía o antigo interesse pela ambição pessoal. Quanto mais velha eu ficava, menor a minha ambição pessoal se tornava, e é verdade que a experiência pessoal contribuiu para que eu me resignasse, e até mesmo me resignasse com relação à proteção do meu trabalho, o que considero ser a proteção do desenvolvimento da psicanálise. Durante anos eu ainda estava trabalhando e fui a todos os congressos de 1922 em diante, exceto ao de 1936, em Marienbad, e sempre cumpri meu dever com a psicanálise, mas fiquei cada vez mais em dúvida se meu trabalho sobreviveria e se a profundidade a que eu era capaz de levar a psicanálise era algo que muitas pessoas poderiam suportar, e se havia muitas pessoas que realizariam a análise com tal profundidade. Fiquei muito cética com o passar do tempo a respeito da sobrevivência do meu trabalho, mas nos últimos anos, com um grupo de colegas de destaque, que têm a capacidade de proteger esse trabalho, que podem e vão continuá-lo após minha morte, estou novamente esperançosa. Em todos esses anos até agora, nunca me esquivei do meu dever com a psicanálise, mesmo nos últimos anos – estou falando em novembro de 1959, muito perto do meu 78º aniversário – quase nunca cancelei uma sessão e participei de quase todas as reuniões, mesmo sabendo que o artigo não valeria a pena, porque sentia que poderia ser útil na discussão e porque sentia que minha presença e minha voz poderiam ter alguma influência sobre os mais jovens, mesmo sobre aqueles que não pertencem a esse grupo.

Essa mudança da forte ambição pessoal para a devoção a algo que está acima do meu próprio prestígio é característica de uma grande quantidade de mudanças que ocorreram no curso da minha vida e do meu trabalho psicanalítico. Quando terminei abruptamente a minha análise com Abraham, restou muita coisa que não havia sido analisada e prossegui continuamente no sentido de saber mais sobre minhas ansiedades e defesas mais profundas. Tenho agora um misto de resignação e alguma esperança de que meu trabalho talvez afinal sobreviva e seja de grande ajuda para a humanidade. Há, é claro, meus netos, que contribuem para esse sentimento de que o trabalho continuará, e, quando falo de ter sido completamente dedicada a meu trabalho, isso não exclui que eu também seja completamente dedicada aos meus netos. Mesmo agora, quando eles se tornaram muito menos próximos de mim, sei que fui uma figura muito importante nos primeiros anos de suas vidas e que isso deve ter sido muito benéfico para eles. Todos os três me amavam profundamente até os 6 ou 7 anos de idade, e Hazel até 9 ou 10, e acredito que mantiveram algum carinho por mim, embora infelizmente estejam muito menos em contato comigo; exceto Michael, que nos últimos anos se tornou muito mais

próximo de mim e que sei tem pelo menos inconscientemente, e talvez em parte conscientemente, a sensação
de que sou de grande valor e também que ele pode falar
livremente comigo...

COMENTÁRIOS

A abordagem do material clínico conforme Melanie Klein

R. D. Hinshelwood[1]

Tradução: Elsa Vera Kunze Post Susemihl

Proponho considerar alguns pensamentos pessoais de Klein a respeito de sua vida e de suas contribuições à psicanálise, conforme ela os apresentou em sua tentativa de escrever uma *Autobiografia*. Inicio com sua reflexão a respeito de como ela se aproximou do trabalho com crianças, pois fiquei impressionado com seu comentário:

Muitas vezes me perguntaram como lidava com as crianças da maneira como o fiz, o que era inteiramente não ortodoxo e, em muitos casos, contrastava com as regras estabelecidas para a análise de adultos. Ainda não consigo

---

1 R. D. Hinshelwood é autor do *Dicionário do pensamento kleiniano* (1989). Foi professor do Centro de Estudos Psicanalíticos da Universidade de Essex (atualmente é professor emérito) e, anteriormente, diretor do Hospital Cassel em Londres. É membro da Sociedade Britânica de Psicanálise (BPS).

Melanie Klein: autobiografia comentada

responder o que me fez sentir que era a ansiedade que eu deveria tocar e por que eu continuei nesse caminho, mas a experiência confirmou que eu estava certa, e, até certo ponto, o início da minha técnica de brincar remonta ao meu primeiro caso. (ver pp. 71-72)

Ela decidiu que deveria "tocar" a ansiedade. Não tinha, então, uma noção clara a respeito do que era realmente diferente na abordagem que apresentava, pensava somente que estava sendo totalmente não ortodoxa. De fato, olhando agora em retrospectiva e com um distanciamento histórico, notamos que o que ela fez foi se afastar da teoria dos instintos que Freud vinha desenvolvendo. Dirigiu seu foco para o afeto e o modo como ele se expressava – em particular, a ansiedade. Em certo sentido, ela se aproximou mais dos seus pacientes ao escutar suas ansiedades. Conforme Marjorie Brierley (1937) observou há muito tempo: "É certo que os próprios pacientes não nos deixam em dúvida aqui. Com poucas exceções, todos se queixam de algum tipo de distúrbio de sentimentos" (p. 257). Isso foi afirmado a respeito de pacientes adultos, mas é igualmente verdadeiro com relação às crianças, sendo que estas talvez sejam mais abertas para expressar suas experiências, tanto de prazer quanto de sofrimento. Klein, como mãe, estava atenta à maneira pela qual as crianças expressam seus afetos, sendo que o "primeiro caso" ao qual ela se referiu foi, provavelmente, um dos seus próprios filhos (ver Grosskurth, 1986; Frank, 2009).

Crianças são mais abertas porque tendem a recriar os dramas presentes em suas mentes enquanto brincam com seus brinquedos. Klein encorajou isso ao oferecer a cada criança um conjunto de pequenos brinquedos. Dessa forma, sua "técnica do brincar" visava dar à criança a possibilidade de se expressar livremente, e assim também apresentar seus pensamentos ligados à ansiedade, de maneira visível a ela e aos outros. Muitas crianças ansiosas construíam narrativas por meio das quais comunicavam seu medo a respeito de determinadas coisas. Muitas delas, por outro lado, expressavam sua ansiedade por uma inibição no brincar, o que seria comparável a uma resistência no adulto, que pode ocorrer durante o curso de uma associação livre. Ao se concentrar na observação do brincar para identificar as narrativas ali presentes, Klein notou que eram as narrativas perturbadoras aquelas que se faziam presentes. Utilizou então essas narrativas como indicadores daquilo que seria o núcleo da dor ali contida. No exemplo de Ruth, mais adiante, fica claro a Klein o que estava deixando a criança ansiosa.

Klein fez mais uma afirmação, a de que é importante observar qualquer alteração no nível de ansiedade. Uma alteração é significativa: caso a ansiedade diminuísse após uma interpretação, Klein sustentava que isso seria uma evidência a respeito da precisão dessa interpretação. A ansiedade causaria uma inibição do brincar; logo, um brincar mais livre e menos inibido indicaria um afrouxamento da resistência e, assim, também uma redução de ansiedade como resultado.

Um exemplo, entre muitos dados por Klein, é o da pequena menina Ruth, de 4 anos e 3 meses. Ruth era tão ansiosa, transtornada e desconfiada dos outros que não suportava ficar na sala sozinha com uma analista que lhe era estranha. Sua irmã, já adolescente, precisava permanecer com ela na sala de análise durante as sessões. A irmã havia comentado com a analista que não tinha esperança de que Ruth brincaria com ela.

Um dia, quando Ruth estava mais uma vez dedicando sua atenção exclusivamente à irmã, desenhou um copo com algumas bolinhas dentro e uma espécie de tampa por cima. Perguntei-lhe para que servia a tampa, mas ela recusou-se a responder. Quando sua irmã repetiu a pergunta, ela disse que era "para evitar que as bolas rolassem para fora". Antes disso, tinha remexido na bolsa da irmã e depois a fechara muito bem, "de modo que nada caísse para fora". Ela havia feito a mesma coisa com uma carteira dentro da bolsa, de forma que as moedas ficassem guardadas com toda segurança. Além disso, o material que ela trazia agora já tinha ficado bastante claro para mim em suas sessões anteriores. Desta vez, arrisquei-me e disse a Ruth que as bolas dentro do copo, as moedas dentro do moedeiro e os conteúdos da bolsa, tudo isso significava crianças dentro da mamãe e o desejo de mantê-las trancadas com toda segurança para que não viessem a ter mais nenhum irmão e irmã. (Klein, 1932, p. 54)

Essa foi uma interpretação realmente profunda, com a qual a analista penetrou o máximo possível nos sentimentos inconscientes de ansiedade que tanto perturbavam Ruth. Aqui a interpretação foi a respeito da ansiedade de uma possível chegada de novos irmãos ou irmãs, e de quão ressentida Ruth ficaria em relação a eles. Ruth expressou no seu brincar (talvez de forma inconsciente) a consciência de sua necessidade de tampá-los e de seu ressentimento infinito. Foi a resposta de Ruth à sua interpretação que impressionou Klein: "O efeito da minha interpretação foi surpreendente. Pela primeira vez Ruth voltou a sua atenção para mim e começou a brincar de maneira diferente, menos inibida" (Klein, 1932, p. 54). Klein compreendeu essa mudança dramática como uma evidência do efeito e do valor de sua interpretação. Ela vinha afirmando isso e demonstrou aqui a verdade da interpretação.

A razão pela qual Klein apresentou esse caso foi, em parte, para demonstrar que ter falado a respeito de ansiedade, de fato, teve um efeito dramático para a garotinha. Não foi brincar com Ruth que a ajudou a lidar com a ansiedade, mas somente quando a analista expressou o drama em palavras é que a mudança surpreendente ocorreu. Klein deve ter sentido que havia descoberto algum método realmente importante para demonstrar a ansiedade, a resistência a ela e o impacto de interpretá-la. Esse processo foi de grande importância para Klein nesse momento.

Em 1926, Anna Freud criticou o modo de interpretar de Klein. Anna Freud dizia que as crianças não seriam capazes de compreender as questões da análise, e que o primeiro passo a ser dado em uma análise seria um simples reasseguramento, ou até uma orientação à criança para que ela pudesse começar a compreender o que o analista estava dizendo. Sem esse reasseguramento, a criança se sentiria ameaçada por uma interpretação analítica. De acordo com o que Anna Freud sustentava naquela época, os passos iniciais de uma análise de crianças eram difíceis por não haver possibilidade de uma transferência positiva, e os analistas de então acreditavam que a transferência era a razão pela qual os pacientes investiam seriamente em suas análises. Anna Freud argumentava que com crianças não era possível haver transferência dos objetos primários, pois esses objetos ainda existiam e eram atuais.

Klein se contrapôs a todos esses pontos e defendeu sua ideia de fazer interpretações desde o início da análise. Ao apresentar casos como o de Ruth, que respondeu a suas interpretações de forma totalmente diferente daquilo que Anna Freud afirmava, Klein se viu encorajada nos seus pontos de vista. De fato, Klein achava que a criança tenta ativamente engajar o analista em um processo de compreensão dos seus medos, ao externalizá-los inconscientemente brincando na sessão. Assim, ela pensava que seu método era sustentado pelo fato de que, quando a comunicação inconsciente da criança era escutada e expressada pelo analista, a criança estava sendo intensamente reassegurada. Tratava-se, porém, de um método muito diferente do reasseguramento consciente proposto por Anna Freud.

O debate das duas analistas nunca foi solucionado entre elas e até hoje reaparece. Em uma discussão com Angela Joyce (não kleiniana), que apontou o contraste entre simplesmente brincar com a criança e também fazer interpretações, Irma Brenman Pick (a partir de um posicionamento kleiniano) disse:

> entramos no campo do antigo conflito do brincar *versus* interpretar, entre Anna Freud e Melanie Klein, a saber, se o analista deve encontrar uma maneira de levar ou seduzir a criança para o tratamento, como advogava Anna Freud, ou se existe uma forma de alcançar o ponto de ansiedade mais urgente/máxima, e interpretar a partir disso, conforme dizia Klein. (Pick, 2011, pp. 170-171)

Dizer o indizível é válido até com crianças, de acordo com Klein e com analistas de crianças que pensam assim até os dias de hoje.

O contraste entre as duas abordagens talvez seja especialmente representado pelo uso da palavra "seduzir" na citação de Brenman Pick. Indica certa crítica, pois, para essa autora, uma análise trata de revelar sentidos. Mostrar a narrativa que incita ansiedade pode ser uma maneira útil para manejar essa mesma ansiedade. Alcançar um sentido era então colocado em oposição a uma confiança em providenciar uma satisfação *real*. A questão de providenciar satisfação combina com a teoria dos instintos e a necessidade de satisfazer o instinto. Para Klein, não se trata de satisfazer instintos. Antes, trata-se de capturar em palavras a dor da ansiedade que a criança traz, da maneira mais precisa possível, e tão logo a criança a tenha deixado clara. Talvez sem mesmo o perceber, Klein deslocou o seu foco dos instintos e do prazer em direção à criação e ao compartilhamento dos sentidos.

Colocar o foco no sentido inevitavelmente significa ir fundo nas fantasias escondidas no inconsciente. Muitas pessoas pensavam que seria um negócio arriscado confrontar crianças com essas ansiedades profundas. O medo de sobrecarregar as crianças, expondo-as à libido agora liberada das defesas, era bastante grande em Viena. Precisamos lembrar que uma das primeiras analistas mulheres de Viena, Hermine Hug-Hellmuth, foi assassinada por seu filho adotivo, depois de ter tentado utilizar ideias psicanalíticas em sua educação (Maclean & Rappen, 1991). Isso ocorreu no fim de 1924. O incidente deve ter chocado a sociedade vienense, e podemos compreender que tenha deixado todos muito cautelosos a respeito da utilização das ideias psicanalíticas com crianças.

No entanto, Klein, em Berlim, se manteve determinada a utilizar o modelo da análise de adultos também na análise com crianças. Estabeleceu assim o seu método de uma "análise precoce" como um método no qual as ansiedades mais profundas eram reconhecidas, ansiedades que, de fato, já haviam sido indicadas inconscientemente por meio do brincar dos pequenos pacientes. A remoção das defesas protetoras parecia ser possível desde que houvesse um adulto, o analista, para acompanhar a criança, e que pudesse enfrentar as terríveis narrativas durante tempo suficiente para capturá-las em palavras.

Essa abordagem baseada em narrativas que se expressam por meio do brincar aponta fortemente uma maior relevância da fantasia em detrimento do instinto. Trata-se de uma concepção da mente como sendo composta de conjuntos de narrativas a respeito das relações com os objetos, em vez de uma concepção que a vê como corrente de energia psíquica. Tenho argumentado que, embora a própria Klein tenha afirmado que não sabia por que adotou essa abordagem diferente, podemos ver alguma razão para isso na sua resposta (talvez) maternal diante das crianças em sofrimento. No entanto, há outros fatores biográficos a serem brevemente considerados.

Parece ser bem possível que, quando menina, Klein tenha sido ela mesma uma criança bastante ansiosa. Na *Autobiografia*, descreveu sua recordação de quando dormia mal e, então, uma de suas irmãs mais velhas, Emilie, empurrava sua cama mais perto da dela para a confortar. De acordo com Phyllis Grosskurth (1986), que escreveu a biografia de Klein, sua mãe, Libussa Reizes, não era uma mulher de trato fácil e às vezes era muito controladora, tomando para si a função de cuidar dos filhos de Melanie. Em sua própria avaliação, Melanie, a filha caçula, parece sempre ter sido muito ambiciosa e ter formado um vínculo particular, talvez idealizado, com o irmão mais velho, Emmanuel, que de fato parece ter lhe correspondido. É possível fazer especulações a respeito de como foi a reação familiar diante das próprias ansiedades que Melanie viveu durante a infância. E, então, imaginar se sua confiança em dirigir o foco para a ansiedade em uma criança não teria tido origem na experiência muito pessoal de sua própria infância.

Além disso, e bastante importante, Klein não teve formação acadêmica como médica ou cientista. De fato, ela não fez nenhum curso universitário. Era, obviamente, uma época em que as mulheres raramente estudavam. Dessa forma, ela não se viu exposta às ideias que, por sua vez, influenciaram Freud na metade do século XIX, e assim não sofreu a poderosa influência que Fechner exercia na psicologia da época (*Elements of Psychophysics*, 1860, publicado em alemão). Fechner havia tomado a pesquisa física da energia do século XIX (especialmente da eletricidade) e postulado um equivalente fisiológico de uma corrente que fluía no cérebro/mente. Ele denominou isso de "psicofísica", e Freud assumiu essa ideia como uma teoria da energia psíquica. Klein foi pouco influenciada pelas teorias médicas contemporâneas da época.

Ela era originalmente "vienense" durante toda a infância e escolaridade, mas, embora tivesse desejado ser médica, lhe foi negada a oportunidade de seguir adiante. Conforme deixou escrito em sua *Autobiografia*, foi muito influenciada pelo irmão mais velho, Emanuel, que ela, como caçula da família de quatro filhos, idolatrava. Emmanuel tinha paixão pela educação e ensinou latim e grego à jovem Melanie. Ele também queria ser médico, e além disso escrevia poesias. Quando ele morreu ainda jovem de tuberculose, em Gênova, Melanie ficou muito desolada. Ela foi resgatar os bens dele no exterior, encontrou seus poemas e publicou um livro com eles.

Klein escreveu vários trabalhos sobre temas literários e artísticos, entre eles seu último trabalho, que trata da Oréstia, um ciclo de dramas da Grécia clássica. É possível pensar que seu interesse literário emergiu do foco narrativo no brincar. Mais tarde, isso deu lugar a uma ênfase na fantasia inconsciente (Isaacs, 1948). Pode-se dizer que Klein utilizou a narrativa do complexo de Édipo de Freud como um modelo para conceituar experiências. De fato, foi a fantasia inconsciente do Édipo aquela com a qual se deparou nos dramas do brincar infantil. Por causa de Klein, as fantasias inconscientes substituíram os instintos biológicos.

De certa forma, a falta de um conhecimento científico contemporâneo foi uma desvantagem para Klein; no entanto, ao mesmo tempo deixou-a livre dessas teorias para poder fazer suas próprias observações à sua maneira e chegar às suas próprias conclusões. O detalhe anteriormente apresentado da análise de Ruth exemplifica o foco de

Klein nas fantasias narrativas. Outro exemplo é a menina ainda mais nova, Rita, de 2 anos e 9 meses, que já sofria de severos sintomas obsessivos, e que demonstrou muito explicitamente em suas narrativas as suas lutas, que lhe causavam ansiedade e ataques de pânico. Klein escreveu:

> Depois de um cerimonial que tinha óbvio caráter obsessivo, a boneca da menina era posta na cama e um elefante colocado ao seu lado. A ideia era que o elefante impedisse a "criança" de se levantar; caso contrário, esta entraria escondida no quarto dos pais e lhes faria mal, ou então roubaria alguma coisa deles. (Klein, 1929, p. 136)

A criança estava expressando no brincar uma ideia de que algo nela faria algum mal a seus próprios pais. Mesmo na idade dela, isso causou um impulso para se conter.

> O elefante (uma imago do pai) devia representar o papel da figura que impede. Na mente de Rita, o pai, por meio da introjeção, desempenhava o papel de "impedidor" a partir do momento em que, entre 1 ano e um quarto e os 2 anos de idade, ela quisera usurpar o lugar da mãe junto dele e roubar o bebê que estava esperando, além de ferir e castrar ambos os genitores. As reações de raiva e ansiedade que ocorriam quando a "criança" era punida nessas brincadeiras mostravam que, na sua mente, Rita desempenhava os dois papéis: o das autoridades que infligiam a punição e o da criança que a recebia. (Klein, 1929, p. 136)

A garotinha estava sendo dilacerada entre querer cometer algum ato nocivo de violência ou roubo e, ao mesmo tempo, querer se prevenir de fazê-lo. A ansiedade da criança era um drama muito explícito, representado muito concretamente. Ela amava e protegia seus pais e também queria prejudicá-los. Aqui encontramos a narrativa de seu conflito apresentada no brincar em detalhes muito explícitos.

Por volta de 1930, Klein tornou-se analista didata da Sociedade Britânica e se voltou mais para a análise de adultos. Nos seus arquivos existem algumas anotações de observações clínicas de pacientes adultos, feitas em torno de 1934 (Hinshelwood, 2006). Fiquei impressionado com a abordagem de Klein com adultos, que parecia ter reminiscências de sua técnica do brincar. Ela não utilizava brinquedos, é claro, mas abordava os pacientes como se manejassem suas ideias e experiências em suas mentes da mesma maneira que uma criança brinca com brinquedos reais. Para ilustrar isso brevemente, apresento uma pequena passagem das anotações de Klein sobre a comunicação verbal de um paciente adulto:

St… sente-se continuamente impedido em seu trabalho pela ansiedade de que, se tiver uma ideia boa, ela lhe será levada pelos inimigos dentro dele, que só irão interferir se valer a pena. Dessa forma, a ansiedade aumenta quando a ideia é boa. Associações a respeito de subir uma montanha, levando ovelhas, enquanto ele tem de controlar os inimigos que o perseguem, e tem de controlar continuamente para que não perturbem as ovelhas. Ele ainda pode cair do topo, caso encontre um inimigo, mas poderá receber ajuda, se encontrar um amigo. (citado em Hinshelwood, 2006, p. 31)

Nota-se um "brincar" com os pensamentos como se fossem objetos, tais quais brinquedos. Algum pensamento "bom" é ameaçado em função da sua interação com pensamentos maus, assim como se deu no brincar ansioso de Rita. Parecem ser cópias de fantasias de objetos em relação uns com os outros, que contam histórias ameaçadoras semelhantes. A impressão é que Klein transferiu seu método de observar as narrativas do brincar das crianças para a observação das narrativas dos processos de pensamento de um adulto. É como se a "sala de brincar" passasse a ser o próprio espaço mental. Parece que o espaço interno da mente se tornou o lugar onde suas fantasias inconscientes se desenrolam. Isso parece ser uma clara diferença em relação a uma abordagem clássica que capta temas significativos nas associações livres. O sentido aqui vem das interações dos pensamentos, e não da semântica das palavras. Mais recentemente, os psicanalistas se distanciaram da análise temática das associações e se moveram em direção às narrativas dramáticas da transferência que expressam fantasias inconscientes.

Klein não era colega próxima de Freud; na verdade, não sabemos sequer se eles chegaram a se encontrar pessoalmente. Ela fez sua primeira análise com Sándor Ferenczi, por alguns anos, durante a Primeira Guerra Mundial. Sabemos que Ferenczi dava grande importância à relação pessoal que se estabelecia durante a análise, e Klein, por sua vez, também mencionou na sua *Autobiografia* ter tido uma transferência positiva muito forte com ele, que provavelmente não foi analisada naquele momento. Ferenczi dava ênfase a uma atenção cuidadosa ao relacionamento analítico durante a década de 1920, o que começou a distanciá-lo um pouco de Freud. Essa situação pode ter coincidido com e contribuído para o desenvolvimento daquilo que a própria Klein iria enfatizar (Likierman, 2001).

A maior influência psicanalítica na vida de Klein foi Karl Abraham, com quem realizou sua segunda análise, depois de se mudar para Berlim em 1921. A análise começou em 1924, mas durou apenas cerca de um ano e terminou quando Abraham adoeceu e morreu em 1925. Ele permaneceu uma influência importante para o resto do seu percurso, sendo que ela fez referência a ele até em seus últimos trabalhos, na década de 1950. Era como se ela tivesse de manter vivas as ideias dele. E ela o fez – por um uso criativo delas. Abraham aprendeu psicanálise com Bleuler e Jung no Hospital Burghölzli entre 1904 e 1907, embora tenha se esforçado, desde então, em demonstrar sua lealdade às teorias de Freud, e não às de Jung. No entanto, seu último trabalho em 1924 é interessante, pois é composto de duas partes (Abraham, 1927). Na primeira,

Melanie Klein: autobiografia comentada

tratou do desenvolvimento das fases da libido e contribuiu diretamente para a teoria da libido da energia psíquica. Mas, a segunda parte, intitulada "Origens e desenvolvimento do amor objetal", trata em detalhes das relações objetais durante as fases libidinais. E ali ele descreveu: (a) um amor de objeto parcial, no qual o objeto é meramente algo com o qual o sujeito satisfaz um desejo instintivo, e (b) um amor de objeto total, no qual há um conjunto variado de sentimentos no relacionamento; não apenas a satisfação libidinal, mas o amor e o apreço pelo próprio objeto. É esse último que faz o amor ser "total". Abraham também iniciou a descrição da introjeção e projeção desses objetos amados dentro e fora do *self*, e, de forma muito concreta, dentro e fora do corpo do sujeito.

Desvendar o amor dessa maneira parece se aproximar da preocupação que tanto Bleuler quanto Jung tinham a respeito da pura teoria da libido de Freud. O "amor de objeto total" de Abraham coloca o objeto mais no centro dos acontecimentos. E as complexas fantasias de objetos em movimento nos limites do corpo levam a uma formulação de defesas em termos de dramas narrativos (ou fantasias inconscientes). Esses temas são muito próximos aos de Klein, sendo que ela nunca se afastou deles durante todo o seu percurso. Ela os elaborou, demonstrando gradualmente sua utilização na abordagem clínica que desenvolveu durante o seu trabalho com as posições depressiva e esquizoparanoide (Steiner, 2017).

A *Autobiografia* de Klein deixa de nos contar muitas coisas que poderiam nos interessar — suas reações e seus envolvimentos nas muitas e variadas divergências que ocorreram no mundo analítico durante aquelas primeiras décadas. Não há nada ali, por exemplo, sobre as discussões controversas, em que as discordâncias latentes entre Londres e Viena (talvez entre Ernest Jones e Freud) chegaram ao seu auge, e se deram em torno do grupo de Klein, considerado desviante. Ela chega a dizer que temia por suas próprias descobertas:

> fiquei cada vez mais em dúvida se meu trabalho sobreviveria e se a profundidade a que eu era capaz de levar a psicanálise era algo que muitas pessoas poderiam suportar, e se havia muitas pessoas que realizariam a análise com tal profundidade. Fiquei muito cética com o passar do tempo a respeito da sobrevivência do meu trabalho, mas nos últimos anos, com um grupo de colegas de destaque, que têm a capacidade de proteger esse trabalho, que podem e vão continuá-lo após minha morte, estou novamente esperançosa. (ver p. 83)

Há vários comentários mais genéricos desse tipo, sendo que ela menciona especificamente as críticas de Anna Freud. No entanto, seus comentários parecem ser de alguém que já deixou todas essas coisas para trás. Ela também menciona a ambição que tinha quando jovem, sentindo, felizmente, que naquele momento isso havia mudado; ela se apresenta então como uma senhora idosa benigna:

> Quer dizer, no começo do meu trabalho psicanalítico, a velha ambição ainda estava lá. Quanto mais eu progredia, menos ela crescia. Minha própria psicanálise, que desempenhou papel tão importante no meu desenvolvimento, deve ter contribuído para isso, porque cada vez mais perdi minha ambição pessoal, que provavelmente se aplica mais aos anos 1930, e concentrei-me no interesse de produzir o que sei ser uma contribuição extremamente importante para a psicanálise. Essa mudança da ambição pessoal para proteger meu trabalho deve ter ocorrido junto com grandes mudanças em mim mesma. (ver pp. 82-83)

Sua ambição de origem narcisista transformou-se e sua ansiedade converteu-se em esperança. Parece, a partir disso, que ela sofreu grandes mudanças, embora não fique tão claro o que possa ter induzido essas mudanças.

Há, parece-me, um interesse particular na biografia de um psicanalista. Podemos nos perguntar que relação existe entre as experiências pessoais, especialmente as mais difíceis, e o tipo de teorias que ele ou ela defende ou descobre. Estarão os fatos biográficos relacionados a ideias importantes que um psicanalista descobre em seu trabalho? Klein teve muitas perdas em sua vida. E, como jovem mãe entre 1905 e 1914, sofreu de depressão durante vários períodos. Será que essas experiências tiveram relevância para que ela concebesse a posição depressiva? É possível considerar isso. Em paralelo, podemos nos interrogar a respeito de Freud, que veio de uma família em que havia uma certa confusão de gerações – sua mãe tinha uma idade próxima a dois meios-irmãos mais velhos de Freud, filhos do primeiro casamento de seu pai; e Freud nos legou as confusões intergeracionais do complexo de Édipo. É claro que a conexão muito pessoal de um psicanalista com as descobertas que ele faz sobre o inconsciente humano não invalida essas descobertas – apenas mostra que ele ou ela pode estar mais preparado para fazer essas observações *por causa* das experiências passadas.

Há algo a ser descoberto nessas reflexões agora plácidas de uma mulher idosa que passou por uma vida tão tumultuada? Prefiro deixar isso como uma questão para reflexão enquanto o leitor vira as páginas durante a leitura de sua nostalgia silenciosa. Recomendo uma permissão à indulgência de considerar as grandes contribuições dos mecanismos esquizoides e da posição depressiva a partir da visão aparentemente satisfeita da escritora desta *Autobiografia*.

REFERÊNCIAS

Abraham, K. (1927). Short study of the development of the libido. In K. Abraham, *Selected papers on psychoanalysis*. London: Hogarth. (Trabalho original publicado em 1924)

[Abraham, K. (1970). Breve estudo do desenvolvimento da libido. In K. Abraham, *Teoria psicanalítica da libido: sobre o caráter e o desenvolvimento da libido* (pp. 81-160). Rio de Janeiro: Imago.]

Brierley, M. (1937). Affects in theory and practice. *International Journal of Psychoanalysis, 18*, 256-268.

Frank, C. (2009). *Melanie Klein in Berlin: Her first psychoanalyses of children*. London: Routledge.

Freud, A. (1928). *An introduction to the technique of child analysis.* New York: Nervous and Mental Diseases Publishing Company. (Trabalho original publicado em 1926)

[Freud, A. (1971). Introdução à técnica da análise de crianças. In A. Freud, *O tratamento psicanalítico de crianças.* Rio de Janeiro: Imago.]

Grosskurth, P. (1986). *Melanie Klein: Her world and her work.* London: Hodder and Stoughton.

[Grosskurth, P. (1992). *O mundo e a obra de Melanie Klein.* Rio de Janeiro: Imago.]

Hinshelwood, R. D. (2006). Early repression mechanism: Social, conceptual and personal factors in the historical development of certain psychoanalytic ideas arising from reflection upon Melanie Klein's Unpublished (1934). Notes prior to her paper on the depressive position. *Psychoanalysis and History, 8*, 5-42.

Isaacs, S. (1948). The nature and function of phantasy. *International Journal of Psychoanalysis, 29*, 73-97. (Republished 1952 in M. Klein, P. Heimann, S. Isaacs, & J. Riviere. *Developments in psychoanalysis,* pp. 67-121. London: Hogarth).

[Isaacs, S. (1969). A natureza e função da fantasia. In M. Klein (Org.), *Os progressos da psicanálise.* Rio de Janeiro: Zahar.]

Klein, M. (1929). Personification in the play of children. In M. Klein, *Love, guilt and reparation* (The writings of Melanie Klein vol. 1). London: Hogarth.

[Klein, M. (1996). Personificação no brincar das crianças. In M. Klein, *Amor, culpa e reparação e outros trabalhos: 1921-1945* (Obras completas de Melanie Klein, vol. 1, pp. 228-239). Rio de Janeiro: Imago.]

Klein, M. (1932). *The psycho-analysis of children*. London: Hogarth.

[Klein, M. (1997). *A psicanálise de crianças* (Obras completas de Melanie Klein, vol. 2). Rio de Janeiro: Imago.]

Likierman, M. (2001). *Melanie Klein: Her work in context*. London: Continuum.

Maclean, G., & Rappen, U. (1991). *Hermine Hug-Hellmuth: Her life and work*. London: Routledge.

Pick, I. B. (2011). Discussion of "Interpretation and Play". *Psychoanalytic Study of the Child, 65*, pp. 169-174.

Steiner, J. (2017). *The lectures of technique by Melanie Klein*. London: Routledge.

Citizen Klein

LIANA PINTO CHAVES[1]

Em 2019 se comemoram cem anos desde que Melanie Klein apresentou publicamente seu primeiro trabalho psicanalítico: "O romance familiar em *statu nascendi*", com o qual se tornou analista e membro da Sociedade Psicanalítica Húngara. Um ano bastante propício para publicar sua *Autobiografia* e uma oportunidade de vislumbrar a vida dessa mulher extraordinária. Este texto trata basicamente das relações familiares. Quem aparece não é a grande pensadora, criadora de uma das mais importantes teorias da psicanálise. Quem surge destas páginas é a filha, a irmã, a mãe e a avó, em suma, a mulher.

O texto da *Autobiografia* foi composto a partir de notas que se encontram depositadas nos arquivos do Instituto

---

1 Membro efetivo e analista didata da Sociedade Brasileira de Psicanálise de São Paulo (SBPSP).

Melanie Klein: autobiografia comentada

Wellcome[2] de Londres, como nos explica Hinshelwood na introdução a ele. Como de hábito, Melanie Klein escrevia vários trechos e guardava-os. Ela trabalhou intermitentemente em sua *Autobiografia* entre 1953 e 1959, nos conta Grosskurth.

Esses arquivos do Instituto Wellcome abrigam uma quantidade impressionante de notas, material variado, que ainda podem produzir muitos trabalhos de valor e de interesse científico para a história do pensamento kleiniano, a exemplo do livro de Claudia Frank (2009), que cobre a atividade de Klein no atendimento de crianças em Berlim entre os anos 1921 e 1926, e o recentemente editado por John Steiner (2017) a partir de notas de aulas sobre técnica que Melanie Klein deu em 1936. No final deste último, são apresentadas transcrições de seminários que ela conduziu para um pequeno grupo de jovens analistas em 1958, dois anos antes de sua morte. Um desses jovens analistas era James Gammill, que tem um texto incluído nesta obra. Vemos uma Melanie Klein relaxada, aberta, bem-humorada, conversando e respondendo a perguntas. O livro editado por Steiner é extremamente útil e, além do interesse histórico, permanece atual e mostra uma analista de acuidade clínica impressionante.

---

2 The Wellcome Institute for the History of Medicine abriga a Wellcome Library, a mais importante coleção de manuscritos e arquivos sobre a história da medicina e uma grande gama de outros assuntos relacionados com a história da ciência e da cultura europeias.

A título de curiosidade, um exemplo da riqueza de material que ainda está lá para ser garimpado é uma notinha solta dela, não mais do que meia página, intitulada "Notas para futuros livros", meio truncada e com os habituais erros de datilografia, e que está classificada na categoria *miscellaneous*. O que não lhe faltava eram projetos. Nessa nota, se lê o seguinte:

> Um dos bons sinais para o desenvolvimento futuro é a relação individual, porque ela mostra uma capacidade de substituir os objetos primários por vários objetos, e também uma falta de rigidez quanto aos padrões. Pessoas rígidas, para começo de conversa, não conseguem diferenciar, mas se agarram ao objeto, em alguma medida por causa da ansiedade, necessita dele constantemente como uma prova de que ele não é persecutório e, sim, protetor, ao passo que essa capacidade que apreciamos no adulto bem como em relações flexíveis e versáteis com pessoas diferentes indica que a ansiedade não é predominante nessa relação, mas que entram outros elementos: o apreço pela mente da outra pessoa, amor, interesse na pessoa, vários interesses etc.

Dá para ver que se trata apenas de uma anotação apressada, para que a ideia não se perca. E, como essa, tantas outras mais podem vir a ser aproveitadas.

A *Autobiografia* pode ser inserida entre as obras que tratam do homem diante da morte. Foi para mim evocativa de duas obras de arte: o filme *Cidadão Kane*, de Orson Welles, e o romance *Homem comum*, de Philip Roth.

Homem comum é um livrinho, no sentido de ser breve, mas monumental por sua qualidade literária. É a história da vida de um homem sem nome, a partir do seu funeral, um homem comum, no sentido de ser falho e mortal: todo e qualquer indivíduo é mortal, a morte a todos iguala.

Na hora da morte, Kane suspira a palavra Rosebud e deixa cair um globo de vidro – que contém uma casinha e uma chuva de neve –, que se estilhaça. Rosebud era a marca do seu trenozinho de infância e o globo de vidro era o único objeto que ele guardou da casa dos pais e do qual nunca se separava. Nesse momento final, ele voa de volta para essa lembrança infantil, de um período anterior ao que ele foi levado embora da casa dos pais para ter uma educação melhor. Essa ruptura dolorosa e especialmente a perda da mãe o marcarão para sempre.

Os comentários de Melanie Klein sobre o filme *Cidadão Kane* são justamente outro material resgatado, digno de interesse aqui. Essas notas foram obtidas por Albert Mason (1998) – também dos arquivos –, que as publicou e comentou. Em seus comentários ela se debruça sobre o mistério da palavra Rosebud e a vincula ao seio: o permanente anseio de Kane pelo botão de rosa, pelo seio bom, e o quanto ele desejava e fracassava em preservá-lo dentro de si, em referência a algo que ele sempre quis e nunca conseguiu alcançar, ou talvez a algo que teve e perdeu. Em outras palavras, seu fracasso no amor e na capacidade de manter a mãe viva em sua mente e em reconciliar-se com os pais. Como veremos adiante, o oposto do que ela procura alcançar em sua *Autobiografia*.

Minha leitura

Essa é uma autobiografia muito curiosa, no mínimo intrigante. Claramente não é um texto bem trabalhado e acabado. Talvez por isso mesmo nunca tenha sido publicado em livro e Roger Money-Kyrle tenha objetado à sugestão de Betty Joseph de incluí-la na edição das obras completas de Melanie Klein.

A primeira leitura me soou muito *naïve* e idealizante, romantizada, que afastava lembranças mais penosas. Como uma mulher tão sagaz, como Donald Meltzer a ela se referia,[3] quanto Melanie Klein poderia incorrer nesse tipo de visão?

A segunda leitura me pareceu bem menos ingênua. Eu diria que mais nostálgica de uma vida familiar, especialmente em relação ao convívio com os irmãos (por exemplo, a passagem dos irmãos em volta da mesa, que será comentada mais adiante), uma expressão inequívoca de *memories in feelings*.

Hinshelwood, em seus comentários iniciais à *Autobiografia*, nos remete ao trabalho de pesquisa realizado por

---

3 *"One can hardly ascribe naïveté to such an astute woman"* (Meltzer, p. 1, 1978)

Melanie Klein: autobiografia comentada

Janet Sayers e John Forrester[4] com o material original das notas de Melanie Klein, que podem ser facilmente acessadas no site do Melanie Klein Trust. Eles identificaram, transcreveram e agruparam dez fragmentos que basicamente compõem a *Autobiografia*. Nesse texto final (ainda que repetitivo e inacabado), ela fez um processo de copiar e colar essas notas, rearranjando-as, agregando uma frase ou outra, eliminando outras. Dos dez fragmentos, não fez uso do primeiro, que justamente tratava de suas descobertas teóricas. Não faz nenhuma menção à teoria, aos conceitos, exceto em relação à ansiedade, pedra de toque da sua abordagem desde o início. Preferiu tratar de certas passagens de sua vida, em minúcias (por exemplo, de sua relação com as babás) do que da obra psicanalítica. O texto começa basicamente com o fragmento 3, em seguida há interpolações extraídas do fragmento 10, volta para o 4, e assim por diante.

O artigo de Klein "A Técnica Psicanalítica através do Brincar", publicado em 1955, é considerado o texto que mais se aproxima de uma autobiografia profissional e nele registram-se a história de seus primeiros *insights* e as descobertas que cada um dos primeiros casos lhe possibilitou. Ele oferece um contraste marcante entre sua atitude ha-

---

4 Sayers, J., & Forrester, J. (2013). The Autobiography of Melanie Klein. *Psychoanalysis and History*, 15(2), 127-163. Recuperado de http://www.mela nie-klein-trust.org.uk.

bitualmente discreta quanto à sua vida pessoal e a caudal emotiva de suas rememorações na *Autobiografia*.

A FAMÍLIA DE ORIGEM

Mesmo que a *Autobiografia* possa ser lida criticamente, Grosskurth usou-a como fonte primária e levou a sério todas as afirmações de Melanie Klein sobre suas relações familiares. Considera-a valiosa para conhecer a mulher.

Das 24 páginas do texto, dezesseis tratam da história da família de origem. Sobre o longo noivado e o casamento ela é menos falante, mas deixa claro desde o início que foi uma má escolha, ainda que Arthur Klein fosse o mais adequado dos seus admiradores. Não faz nenhum segredo da sua infelicidade, e aqui não há o tom idealizado de tantas outras passagens da *Autobiografia*. Diz ela: "passamos a morar em Krappitz, uma cidadezinha provinciana sem nenhum encanto, e eu me sentia muito infeliz".

Melanie Klein foi uma mulher com uma depressão significativa, que se agravou com a morte da mãe. Isso está muito bem documentado na biografia feita por Grosskurth. Além do casamento insatisfatório para as altas ambições intelectuais que tinha, de não ter podido fazer o curso de medicina com que sonhava, da sufocante falta de outra perspectiva para uma jovem que não fosse o casamento, ela estava de luto pela morte do irmão durante a gravidez de Melitta e Eric tinha poucos meses de vida quando ela perdeu a mãe. Nas palavras de Gros-

Melanie Klein: autobiografia comentada

skurth (1986): "Que ela tenha conseguido sobreviver foi um triunfo de resiliência e de autocompreensão" (p. 219).

A relação com a mãe tem um lugar de primeira grandeza. Libussa é descrita como mãe e esposa devotada, mesmo que não fosse apaixonada pelo marido. Nas suas palavras:

A relação com minha mãe foi um dos grandes apoios que tive na vida. Eu a amava profundamente, admirava sua beleza, seu intelecto, seu profundo desejo de conhecimento, sem dúvida com alguma dose da inveja que existe em toda filha. (ver p. 51)

E acrescenta: "Já mencionei que ela era muito bonita. Tinha cabelos muito negros, pele clara, feições bonitas e os mais expressivos e lindos olhos cinza. *Ela era educada, bem-humorada e interessante*" (grifo meu). Expressa grande admiração pela curiosidade intelectual e sede de conhecimento da mãe. Esse vai ser um tema da vida inteira, central à sua obra, certamente via importante de superação das amarras de uma vida restrita. O tom nostálgico e idealizado da *Autobiografia* contrasta fortemente com o que se lê na biografia escrita por Grosskurth sobre a relação de Melanie com Libussa. Melanie é descrita como uma jovem sob o domínio total de uma mãe enérgica, possessiva, intrusiva e autoritária; sua única saída era o casamento como rumo a ser tomado na vida.

Melanie foi a caçula de quatro filhos (Emilie, Emanuel, Sidonie e ela) e, aparentemente, não planejada. Aos 70 e muitos anos, escrevendo a *Autobiografia*, afirma que não sentiu nenhum ressentimento quanto a isso, por ter sido muito amada e mimada por todos e por ser a favorita da mãe e do irmão. Também foi a única filha que não foi amamentada pela mãe, mas por uma ama de leite na base da livre demanda. Tudo parece ser equilibrado e reequilibrado.

Ela adota um relato ameno e toca de leve nos problemas mais espinhosos de relacionamento. Não há referência à turbulência emocional tão presente e tão acentuada nos seus relatos clínicos.

É mais explícita com respeito ao pai e suas frustrações com ele, por já ser bem mais velho quando ela nasceu, por não lhe dar atenção, por falar explicitamente que sua filha favorita era Emilie. O irmão compensou um pouco a distância do pai e veio a se tornar um substituto deste.

Sobre Emilie, seis anos mais velha, ela diz numa passagem dos fragmentos: "Creio que eu era bastante apegada a minha irmã mais velha durante a infância. Mais tarde, quando me desenvolvi intelectualmente, descobri que tínhamos pouco em comum, e isso permaneceu assim ao longo da vida". Na *Autobiografia*, ela suavizou essa frase incluindo uma nota gentil sobre a irmã, que vem em destaque:

Creio que eu era bastante apegada a minha irmã mais velha durante a infância e *que ela gostava muito de mim e se orgulhava de mim. Lembro-me de que, entre os 10 e os 12 anos, sentia-me infeliz na hora de dormir, e Emilie era muito gentil comigo, colocava sua cama perto da minha e eu dormia segurando sua mão.* Mais tarde, quando me desenvolvi intelectualmente, descobri que tínhamos pouco em comum, e isso permaneceu assim ao longo da vida. (ver p. 44, grifo nosso)

Esse me parece ser o tom geral desta *Autobiografia*.
Sobre Sidonie, a primeira de uma impressionante sequência de perdas, ela diz:

É bem possível que eu a idealize um pouco, mas tenho o sentimento de que, se ela tivesse vivido, teríamos sido grandes amigas, e ainda tenho um sentimento de gratidão por ela ter satisfeito minhas necessidades mentais, mais ainda quando penso que ela estava muito doente na época. (ver p. 45)

Sidonie tinha 8 anos e meio quando morreu, e Melanie, 4 anos e meio. Na *Autobiografia* ela diz que talvez não tenha jamais conseguido superar essa perda. Ela sofreu duplamente: por sua própria dor e pela dor da mãe, e se sentiu responsável por aliviar a dor da mãe.

Numa passagem bem tocante sobre a morte de Sidonie, ela faz a seguinte observação: "Meu conhecimento a meu respeito me diz que as excelentes relações com mulheres e a capacidade de amizade, o que sempre foi muito pronunciado em mim, eram baseadas em minha relação com essa irmã" (ver p. 45). Podemos ver aqui a psicanalista que desvendou o território do arcaico e nos ensinou como tudo se constrói tão cedo. Mas, por outro lado, podemos também ver a mulher que não incluiu nesse relato uma linha sequer sobre a relação tão tempestuosa e tão malsucedida com a filha, sem mencionar as dissensões futuras com algumas colaboradoras.

O irmão, Emanuel, depois da mãe ou junto com ela, era outra figura de primeira grandeza. Morreu com 25 anos de idade. Ela tinha imensa admiração por ele e o considerava uma espécie de gênio como escritor e musicista, e o fator mais importante para seu desenvolvimento. Dos 9 anos em diante, afirma, "ele se tornou meu confidente, meu amigo, meu professor" (ver p. 46), e que ele tinha expectativa de que ela faria algo grande. Considera que ele foi o melhor amigo que teve na vida. Diz ela que com 77 anos, ao escrever a *Autobiografia*, não consegue imaginá-lo como um homem de 82 anos.

Diz que o filho mais velho, Hans, que morreu aos 27 anos, tinha bastante semelhança com Emanuel, especialmente quando criança, e também o filho Eric e o neto Michael. Vemos, nesse relato, os mortos de sua vida desfilando diante de seus olhos e ela tecendo uma rede de ligações irmão-filhos-neto. Contudo, adverte: "posso estar enganada, porque todas essas figuras tinham muito em comum nos meus sentimentos".

A perda de Sidonie, quando ela tinha 4 anos de idade, e a doença e morte do irmão foram golpes duríssimos. A

Melanie Klein: autobiografia comentada

morte do pai em 1900 não parece ter tido o mesmo impacto sobre ela.

Em todas essas mortes há um pesar de que não havia conhecimento médico suficiente na época para evitá-las. O mesmo poderia ser dito a seu respeito, porque talvez pudesse ter vivido mais tempo. Este é um tema que atravessa seu escrito: o muito que poderia ter sido feito para preservar a vida.

A morte da mãe é descrita com muita dor e admiração. Expressa o pesar e o remorso de que poderia ter feito mais por ela. Descreve a morte da mãe como calma e sem ansiedade, de posse de suas faculdades. Mãe e filha pedem perdão uma à outra. Essa *Autobiografia* na qual trabalhou *on* e *off* durante alguns anos é um acerto de contas com seus objetos internos e externos e, em particular, um gesto pacificador do vínculo com a mãe diante da morte. Talvez a expressão de um supereu mais benevolente.

Pensando na atitude da mãe diante da morte, nesse trecho da *Autobiografia* estava agora na mesma posição que a mãe. A mãe morreu em 1914, no início da Primeira Guerra, com 63 anos, e Melanie Klein tinha, então, 32 anos. Ela também está se preparando para a morte. Na época em que escreve, a mãe teria 110 anos, Klein já tem cerca de dez anos a mais do que a mãe tinha ao morrer. Ambas perderam filhos e de ambas se diz que nunca se recuperaram dessas perdas. Ela diz que, após a morte de Emanuel, a mãe em grande medida perdeu o interesse pela vida, fato um tanto atenuado pela presença dos netos.

O mesmo não aconteceu com Melanie Klein, uma intelectual, pensadora e trabalhadora infatigável na construção da sua obra. Na verdade, a teoria decolou e atingiu grandes alturas. Hans morreu em 1934 e sua morte foi uma fonte de dor para ela pelo resto da vida. Também pelo resto da vida focou a questão da dor da perda, do luto e da solidão, experiências que viveu recorrentemente ao longo da vida, a partir dos 4 anos de idade, com a perda de Sidonie. Nos anos 1935, 1936 e 1937, Melanie Klein publicou três artigos, um por ano: "Uma contribuição à psicogênese dos estados maníaco-depressivos", "O desmame" e "Amor, culpa e reparação". E, em 1940, publicou o artigo "O luto e suas relações com os estados maníaco-depressivos". O artigo de 1935 é considerado um ponto de virada para uma nova estrutura teórica. Ele e o de 1940 apresentam e completam a noção de posição depressiva. No trabalho sobre o luto, quando examina os sonhos da sra. A, que é ela mesma, e que havia perdido um filho, acompanhamos o árduo trabalho de recuperação dessa perda na esperança de poder recriar internamente o filho e os pais, até conseguir sentir que a vida havia começado a fluir novamente dentro dela e no mundo ao redor. Um trabalho pessoal permanente sobre as inúmeras perdas culminou nesses trabalhos finais tão importantes. Acompanhamos o tom sóbrio e a premência para sustentar a integridade psíquica por meio do luto e da difícil reconquista do funcionamento de posição depressiva. Em seus últimos vinte anos acompanhamos o tom sóbrio do trabalho de luto. O otimismo dos primeiros trabalhos e a confiança na ação profilática da psicanálise, nesse longo caminho por ela percorrido, vão se atenuando e tudo fica muito mais sério.

Seu trabalho "Sobre o sentimento de solidão", que trata do sentimento de solidão interior, foi apresentado no Congresso de Copenhague em julho de 1959 (ela morreu um ano depois). Um artigo extraordinário, brilhante e comovente, assim como fora seu artigo de 1940 sobre o luto. Conforme sinaliza o editor das obras completas, há nele uma premonição da morte próxima. Para alguém tão reticente sobre sua vida, ela falou abertamente – no interesse do conhecimento científico – sobre suas experiências mais profundas: dor, depressão, solidão. Esse estado de solidão interior é o resultado de um anseio generalizado por um estado interno perfeito inalcançável (Klein, 1959/1991).

A *Autobiografia* alinhava vida e morte. Como foi escrita intermitentemente entre 1953 e 1959, ela e o artigo "Sobre o sentimento de solidão", publicado postumamente, formam um mesmo conjunto de reflexões.

Meira Liekerman (2005), num belíssimo capítulo especificamente sobre o artigo do sentimento de solidão, diz:

Ao refletir sobre o predicamento da idade avançada, Klein sugere que a melhor maneira de suportá-lo é pela "gratidão pelos prazeres passados sem um excessivo ressentimento por eles já não estarem disponíveis". Justo antes da morte, assim como imediatamente depois do nascimento, o indivíduo humano precisa valorizar o bom a fim de contrabalançar um agravo primário contra um mundo injusto. (p. 195)

NETOS

O tema dos netos atravessa toda a *Autobiografia*, em inúmeras referências: o conforto que foi para sua mãe viver seus últimos tempos na companhia deles, assim como para ela própria. Grosskurth (1986, p. 370), numa nota de rodapé, faz referência ao grande conforto que os dois netos, filhos de Eric, lhe davam durante as intensas controvérsias que aconteceram na Sociedade Britânica de Psicanálise entre 1942 e 1944.

Ela tinha uma relação particularmente próxima com Michael. Quando este era bem pequeno, sofria de terrores noturnos e a avó segurava sua cabeça até que as fantasias febris cedessem. Ele sabia que ela compreendia seus terrores e a compreensão dela o ajudou a se dar conta de que seus medos eram insubstanciais. Sentir-se compreendido, profundamente compreendido por alguém, é algo que aparece com frequência.

Sabemos por Grosskurth, que ela levava os netos a concertos e viajava com eles. Grosskurth conta (1986) que Michael, com 23 anos:

Melanie Klein: autobiografia comentada

estava atormentado diante da perspectiva da morte da sua querida avó. Ela lhe disse que não tinha medo de morrer. A única coisa imortal era o que se tinha alcançado; e sua força e coragem estavam em sua crença de que as ideias de alguém eram levadas adiante por outras pessoas. (p. 461)

Vou citar um trecho mais extenso da *Autobiografia* que liga netos (descendência) à sobrevivência e à transmissão de sua obra:

Essa mudança da forte ambição pessoal para a devoção a algo que está acima do meu próprio prestígio é característica de uma grande quantidade de mudanças que ocorreram no curso da minha vida e do meu trabalho psicanalítico. Quando terminei abruptamente minha análise com Abraham, restou muita coisa que não havia sido analisada e prossegui continuamente no sentido de saber sobre minhas ansiedades e defesas mais profundas. Tenho agora um misto de resignação e alguma esperança de que meu trabalho talvez afinal sobreviva e seja de grande ajuda para a humanidade. Há, é claro, meus netos, que contribuem para esse sentimento de que o trabalho continuará, e, quando falo de ter sido completamente dedicada a meu trabalho, isso não exclui que eu também seja completamente dedicada aos meus netos. Mesmo agora, quando eles se tornaram muito menos próximos de mim, sei que fui uma figura muito importante nos primeiros anos de suas vidas e que isso deve ter sido muito benéfico para eles. Todos os três me amavam profundamente até os 6 ou 7 anos de idade, e Hazel até 9 ou 10, e acredito que mantiveram algum carinho por mim, embora infelizmente estejam muito menos em contato comigo; exceto Michael, que nos últimos anos se tornou muito mais próximo de mim novamente e que sei que tem, pelo menos inconscientemente, e talvez em parte conscientemente, a sensação de que sou de grande valor e também que ele pode falar livremente comigo... (ver p. 84-85)

Esse é o parágrafo final da *Autobiografia*, e ele parece ter ficado interrompido, com uma atmosfera de reticências. Não é casual que ela tenha encerrado entrelaçando netos e obra, na direção da transmissão do seu legado. Na preparação para a morte, estava fazendo o luto pela própria vida que chegava ao fim e esse luto consistia na esperança e no desejo de que sua obra sobrevivesse e frutificasse.

Fim da vida

Grosskurth (1986) diz que, de algum modo, esses foram os melhores anos de sua vida, cercada por uma "família" estendida, construída por ela mesma, e que gostava muito dela. Ela ainda era bonita, vivaz e vaidosa. Segundo o relato da pessoa que a ajudava, a casa estava sempre cheia de gente, visitantes, jovens. Ela também repetiu o que ouviu de Melanie Klein: "espero que eu ainda viva mais uns dez anos para fazer o que eu tenho vontade de fazer". Não gostava de ficar sozinha; gostava de ir ao teatro, a festas, de ser convidada e de encontrar pessoas. Diz Grosskurth (1986): "As pessoas que conheceram Klein no fim da vida falam da sua risada sonora, uma característica raramente presente nos seus anos anteriores" (p. 438). Na primavera de 1960, sua mente continuava fervilhante de novas ideias. Especulava sobre a vida intrauterina, mantinha notas para futuros artigos sobre religião e memória. Deixou instruções precisas sobre seu funeral: que fosse inteiramente não religioso.

O que pode parecer pessimismo é simplesmente uma aceitação realista da condição humana e também uma aceitação dos limites da psicanálise. Há um anseio por uma harmonia que não pode ser reconquistada ou talvez jamais alcançada. A solidão é um concomitante inevitável da condição humana. Na idade avançada uma preocupação e uma idealização do passado fazem parte da busca por objetos internos idealizados. Isso nos traz de volta à tocante passagem da cena imaginária dos irmãos à mesa, em que Melanie Klein diz:

Mas penso na minha infância como uma infância com uma boa vida familiar e daria qualquer coisa para tê-la de volta por um só dia; nós três, meu irmão, minha irmã e eu sentados em volta da mesa, fazendo nosso trabalho escolar, e os muitos detalhes de uma vida familiar unida. (ver p. 42)

Melanie Klein, na sua *Autobiografia*, pode parecer ingênua, abaixo da sua sagacidade habitual, mas esse é fundamentalmente um texto amoroso, de acerto de contas, que busca, por meio do amor pelos seus entes queridos e pela obra, conciliar essa vida tão intensamente vivida. Como sempre sustentou que amor e ódio coexistem desde o início da vida, aqui parece que ela quis que a balança pendesse para o lado do amor.

Ouço a voz da própria Melanie Klein, nas ultimas linhas de "Amor, culpa e reparação":

> Se, no fundo da nossa mente inconsciente, conseguimos liberar até certo ponto os sentimentos que temos pelos nossos pais do ressentimento, se os perdoamos pelas frustrações que tivemos que sofrer, então, podemos ficar em paz com nós mesmos e amar os outros no verdadeiro sentido da palavra. (1937/1996, p. 384)

Encerro com um retrato feito por nosso colega Luiz Meyer (2009), que escreveu um poema em prosa sobre essa menina comportada, curiosa e tão cheia de vida:

Ao Pé da Letra

Melanie Klein (née Reizes) quando menina voltava da escola e ao caminhar pela calçada já pensava na tarde que viria

Chegando ao quarto, onde o sol quase não batia, desabotoava a bata que lhe servia de uniforme feita de um morim que o tempo amarelara e, para que ele não se amarrotasse, subia na cadeira, abria a porta do armário, o pendurava no cabide com cuidado

Aí então descia aos pulos a escada escutando de passagem os gemidos de alguma paciente cujo dente o pai obturava. Cruzava a rua, radiante, para fazer companhia à mãe que, em sua loja, vendia avencas, samambaias, renda portuguesa e uns bichos fascinantes – sapos, lagartos, tartarugas, serpentes aneladas – todos eles dispostos em desordem sobre a areia de uma caixa de vidro transparente

Mais tarde reinventou a psicanálise.

Referências

Frank, C. (2009). *Melanie Klein in Berlin: Her First Psychoanalyses of Children*. London: Routledge.

Grosskurth, P. (1986). *Melanie Klein: Her World and Her Work*. London: Maresfield Library.

Klein, M. (1991). Sobre o sentimento de solidão. In M. Klein, *Inveja e gratidão e outros trabalhos: 1946-1963* (Obras completas de Melanie Klein, vol. 3, B. Mandelbaum et al., trad., pp. 340-354). Rio de Janeiro: Imago. (Trabalho original publicado em 1959)

Klein, M. (1996). Amor, culpa e reparação. In M. Klein, *Amor, culpa e reparação e outros trabalhos:1921-1945* (Obras completas de Melanie

Klein, vol. 1, pp. 346-384). Rio de Janeiro: Imago. (Trabalho original publicado em 1937)

Liekerman, M. (2005). *Melanie Klein: Her work in context*. London: Continuum.

Mason, A. (1998). Melanie Klein's notes on Citizen Kane with commentary. *Psychoanalytic Inquiry: A Topical Journal for Mental Health Professionals, 18*(2), 147-153.

Meltzer, D. (1978). *The Kleinian Development* (Part II: Richard Week-by-Week). Reading: Clunie Press.

Meyer, L. (2009). Ao pé da letra. *Ide: psicanálise e cultura*, n. 48, São Paulo.

Steiner, J. (Ed.) (2017). *The lectures of technique by Melanie Klein*. London: Routledge.

Melanie Klein: autobiografia comentada

Melanie Klein (1882-1960): um "gênio feminino" ou um "antigênio"?

Alguns marcos na exploração do mundo das relações objetais: a possibilidade de pensar em um "Hitler interno" dentro de todos nós, o descobrimento do sentido dos impulsos de reparação e outros[1]

CLAUDIA FRANK[2]

Tradução: Elsa Vera Kunze Post Susemihl

INTRODUÇÃO

Quando, em torno de 1914, Melanie Klein leu o artigo "Sobre os sonhos" (1901), um resumo de fácil compreensão, feito por Sigmund Freud, da sua famosa obra

---

1   Tradução de Frank, C. (2016). *Melanie Klein (1882-1960): „Weibliches Genie" oder „Antigenie"?* In M. Conci, W. Mertens (Hg.), Psychoanalyse im 20. Jahrhundert. Freuds Nachfolger und ihr Beitrag zur modernen Psychoanalyse (pp. 65-82). Stuttgart: W. Kohlhammer Verlag. Cortesia de W. Kohlhammer GmbH.

2   Claudia Frank, médica, psicanalista com consultório particular em Stuttgart, analista didata da Sociedade Psicanalítica Alemã (DPV) e membro convidado da Sociedade Britânica de Psicanálise (BPS). Pertenceu ao Departamento de Psicanálise, Psicoterapia e Psicossomática da Universidade de Tübingen (1988-2001). É autora de várias publicações sobre teoria, técnica, história da psicanálise e psicanálise aplicada, bem como editora, junto com Heinz Weiss, de diversos livros sobre psicanálise kleiniana.

Melanie Klein: autobiografia comentada

"A interpretação dos Sonhos" (1900), ela se deparou com aquilo que vinha inconscientemente procurando por anos, conforme escreveu em um dos fragmentos de sua *Autobiografia*. Ao ler esse seu primeiro livro psicanalítico, ela finalmente entrou em contato com aquilo que iria satisfazê-la "intelectual e emocionalmente" (ver p. 68; Sayers & Forrester, 2013, p. 159). Mais tarde, ela mesma apreendeu no seu trabalho com pacientes configurações emocionais primitivas e depois as descreveu de forma intelectual tão clara que o universo do mundo interno de relações objetais se desvendou e se desenvolveu a partir da sua obra. Com isso, ela aprofundou de maneira imprevisível nosso conhecimento sobre a complexidade do funcionamento mental e dos relacionamentos humanos, insondáveis por natureza.

Klein realizou um trabalho pioneiro na década de 1920, quando começou a analisar crianças, tratando-as de forma natural como objetos *sui generis* de cura e investigação. Assim como Freud havia descoberto a criança no adulto, Klein descobriu o bebê na criança. Em 1958, Alexander Mitscherlich escreveu ao editor Klett:

São estímulos importantes, se não decisivos para o desenvolvimento da psicanálise, aqueles provenientes de Melanie Klein, psicanalista que morava em Berlim e que agora atua em Londres. Lá ela inaugurou uma grande escola no âmbito da Sociedade Psicanalítica e é, sem dúvida, a personalidade mais importante do círculo local. Ela é um antigênio teórico, e o que tem para nos relatar a respeito dos estágios mais iniciais do desenvolvimento são questões extraordinariamente difíceis de serem verbalizadas (citado em Frank, 2015a).

Qual teria sido o conceito de "teoria" que Mitscherlich tinha em mente ao tratar da possibilidade de pensar situações de ansiedade muito precoces? De qualquer forma, Julia Kristeva (1999/2008) reconheceu explicitamente, quarenta anos mais tarde, que Klein é "a inovadora mais original da psicanálise" (p. 14), que pôde se "atrever a pensar" de tal maneira graças ao seu "gênio feminino" (p. 18).

Melanie Klein foi, antes de mais nada, uma analista clínica, cujas reflexões estavam profundamente enraizadas no empirismo, e que, evidentemente, era capaz de fazer observações com grande liberdade interna. Não menos importantes foram suas corajosas percepção e investigação também dos aspectos cruéis da mente – que se manifestaram de forma terrível durante o século XX, tendo início com a Primeira Guerra Mundial e culminando com o extermínio dos judeus europeus pela Alemanha nazista (para dar apenas dois exemplos) –, o que permitiu que os conhecimentos advindos da situação analítica também se tornassem muito úteis e valiosos para o enfrentamento franco dessas questões difíceis da vida. Naturalmente, trata-se aqui igualmente de *insights* dolorosos. De certa forma, Melanie Klein reforçou, por meio de seu trabalho, a terceira ferida da humanidade – a psicológica e relativa ao amor próprio –, que havia sido iniciada e diagnosticada como tal por Freud (1917, p 11). Não é, portanto, de estranhar que ela tenha sido tão fortemente atacada por isso. Mas, assim como se colocava disponível para observar quando uma criança a vivenciava como má (pois ela não sentia que "tinha" de ser vivida pela criança como um objeto bom) e, então, investigava essa situação, também sabia que, eventualmente, poderia representar figuras internas más para outras pessoas e vir a ser atacada por isso. A recepção e o desenvolvimento das ideias kleinianas ao longo das últimas décadas, com seu crescente interesse no mundo todo, nos fazem pensar nas palavras de Freud (1927), de que "a voz do intelecto pode ser baixa, mas não descansa até ter sido ouvida" (p. 377).

ESTÁGIOS DA SUA VIDA

Quando Melanie Klein teve seu decisivo (e presumível) primeiro contato com a psicanálise, por intermédio do livro dos sonhos de Freud por volta de 1914, ela estava com 34 anos e casada havia treze com o engenheiro químico Arthur Klein, com quem teve três filhos (Melitta, nascida em 1904, Hans, em 1907, e Erich, em 1914). A família vivia havia quatro anos em Budapeste, vinda de Krappitz, onde seu marido havia ocupado o cargo de diretor de uma fábrica de papel, depois de trabalhar durante os primeiros anos do casamento em Rosenberg (onde a família de Arthur morava). Essa última mudança, de Krappitz para Budapeste, foi em parte porque Melanie Klein não tinha nenhum contato social na primeira cidade e sentia falta de uma vida cultural. Ela não exercia nenhuma atividade profissional na época, nem possuía nenhum outro tipo de formação; e, como muitas mulheres em 1900 (e muito tempo depois ainda), abdicou de perseguir seus próprios interesses acadêmicos após ficar noiva aos 17 anos. Por volta dos 14 anos, ela havia decidido estudar medicina, conforme menciona em suas notas autobiográficas, e, para tanto, havia feito sua transferência para o único ginásio em Viena que oferecia, a meninas, a formação necessária para poder ingressar na universidade (ver p. 61; Sayers & Forrester, 2013, p. 146). Impressionada pela capacidade intelectual de Arthur e lisonjeada por sua corte, concordou com o noivado e, a partir de então, limitou-se a frequentar cursos individuais sobre arte e história. Em retrospecto, Klein escreveu que já se sentia "infeliz" havia um longo tempo – esse era o termo usual na linguagem corrente da época para o que hoje chamaríamos possivelmente de estado depressivo – mas que não via saída para a situação. Retornava constantemente a estadias de tratamentos em diferentes clínicas de repouso, sem, no entanto, experimentar uma melhora real.

Melanie Klein veio ao mundo em 1882, como a quarta e última filha de pais judeus – Moritz Reizes (nascido em Lemberg), então com 54 anos, e sua esposa Libussa (criada em Warbitz) com 30 anos –, em Viena, em um am-

Melanie Klein: autobiografia comentada   137

biente de condições financeiras modestas. A morte precoce de sua irmã Sidonie em 1886 e a perda de seu irmão Emmanuel em 1902 permaneceram como experiências dolorosamente presentes ao longo de toda sua vida. Em retrospecto, ela vai considerar uma "necessidade ardente de conhecimento" (ver p. 35; Sayers & Forrester, 2013, p. 135) um importante fator na sua história, em diversos aspectos: no caso do pai, que se afastou aos 37 anos do ambiente judaico-ortodoxo familiar e foi estudar medicina; no caso da mãe, que conseguiu aprender muito como autodidata; e no seu próprio caso, uma garota ambiciosa, que, entre outras coisas, queria ser a melhor aluna da escola e que sofria com a superioridade dos irmãos mais velhos. De certa maneira, no início seu impulso por conhecimento[3] ficou sem orientação precisa até encontrar na psicanálise um campo adequado para o seu exercício, quando então sua ambição pessoal também declinou.

A procura, até então vã, de Melanie Klein foi direcionada a partir da leitura do livro sobre os sonhos de Freud. Seu primeiro passo, a seguir, foi iniciar uma análise com Sándor Ferenczi em Budapeste. Melanie Klein (1932) deixou sublinhado o "senso forte e direto para o inconsciente e para o simbolismo" desse analista (p. 4) e, ainda, que devia a ele, em particular, o fato de lhe ter chamado a atenção para sua aptidão com relação à análise com crianças.

---

3 Também traduzido por "instinto epistemofílico". [N.T.]

Finalmente, havia sido planejada a participação de Klein na construção de um grande instituto de formação e de tratamento em Budapeste, projeto que malogrou, tanto pela morte de Anton von Freund quanto pela situação política na Hungria em 1920. O casamento de Klein, a essa altura, também havia fracassado, de forma que, ao receber o convite de Abraham para ir à Policlínica de Berlim, no início de 1921, não havia muitas razões para não o aceitar. Logo após sua chegada, ela iniciou os primeiros tratamentos de crianças e adolescentes, sendo que ao longo dos cinco anos e meio seguintes analisará pelo menos 22 pacientes, entre crianças e jovens (com idade entre 2 e 17 anos) (Frank, 1999). Com isso, Klein passou a se dedicar de maneira muito engajada a um campo de trabalho que na época apresentava ainda muitas questões em aberto.

Klein também procurou mais análise pessoal, dessa vez com Karl Abraham. Sentia que estava precisando de ajuda pessoal e também se encontrava ansiosa por conhecer mais a respeito de si mesma (ver p. 77; Sayers & Forrester, 2013, p. 151). Achava, ainda, que a análise com Ferenczi não havia lidado com a transferência negativa. A morte de Abraham, no final de 1925, levou essa segunda análise a um final abrupto. Em 1926, ela aceitou o convite de Ernest Jones para se mudar para Londres, onde encontrou colegas muito interessados em seu trabalho. Lá trabalhou de forma muito proveitosa e fértil durante as décadas seguintes, até sua morte, em 1960. Formulou inovações conceituais (ver tópico "Orientação teórica – ino-

Melanie Klein: autobiografia comentada

vações teóricas") que foram desenvolvidas a partir de suas observações clínicas nos processos de análise de crianças e adultos, nos quais considerava os impulsos e fantasias igualmente construtivos e destrutivos. Desse trabalho também surgiram escritos para um público mais amplo, como a publicação de 1937, *Amor, ódio e reparação: duas palestras*, uma colaboração de Klein e Joan Riviere.

Foi também Joan Riviere que insistiu para que Klein apresentasse suas reflexões sobre a situação da época diante da ameaça da Alemanha de Hitler em 1940 (Frank, 2003). Em um manuscrito não publicado, Klein afirma, entre outras coisas, que

> Se prevalecer o sentimento de que a guerra no exterior está sendo, de fato, travada no interior – de que no interior um Hitler interno está sendo combatido por um sujeito que assimilou características de um Hitler, e se torna semelhante a um Hitler –, o resultado será o desespero. Fica, então, impossível lutar nessa guerra, pois isso levaria inevitavelmente à catástrofe no interior. Se houver um equilíbrio maior entre os acontecimentos internos e os externos, a guerra interna não domina a situação e é possível voltar-se com força e determinação contra o inimigo externo (Klein, 1940, citada por Frank, 2003).

Anteriormente, Klein já havia compilado alguns documentos a respeito das reações dos pacientes à anexação da Áustria e à crise de Munique.

Durante os anos de guerra, também foi feita a tentativa de alcançar um esclarecimento a respeito de uma controvérsia analítica interna, que acompanhou Klein praticamente ao longo de toda a sua vida como analista: Anna Freud propunha uma abordagem diferente da dela para o tratamento de pacientes crianças. As diferenças foram apresentadas pela primeira vez, de modo claro, no simpósio sobre análise de crianças em 1927 (ver Riviere, 1927/1996). A análise da transferência negativa havia permitido a Klein um acesso às ansiedades de alguns de seus pequenos pacientes. Já Anna Freud (1926-1927/1980) defendia, naquele tempo, a ideia de que um trabalho fértil "apenas poderia se desenvolver mediante um vínculo positivo" com a criança (p. 48). Com a chegada a Londres dos Freud, que tiveram de fugir da Áustria nacional-socialista em 1938, o conflito se intensificou. Ele desembocou, finalmente, em plena Segunda Guerra Mundial (King & Steiner, 1991/2000), nas famosas "Discussões Controversas" e terminou com um "acordo de damas":[4] estabeleceu-se um sistema de formação com dois grupos distintos. Logo a seguir, formou-se um terceiro grupo, o Grupo Independente, que, com o grupo dos kleinianos e com aquele dos freudianos contemporâneos, formaram a Sociedade Britânica de Psicanálise por décadas.

---

4 Referência ao usual "acordo de cavalheiros". [N.T.]

Melanie Klein: autobiografia comentada

Ainda que Klein, por algum tempo, tenha tido preocupações a respeito da continuidade ou não do seu trabalho por outros analistas, conforme nos relata em suas anotações autobiográficas, com o final da Segunda Guerra já não havia razão para tanto. Com Hanna Segal, Herbert Rosenfeld, Wilfred Bion e Roger Money-Kyrle, citando apenas os mais conhecidos, crescia o número de colegas que, cada qual à sua maneira e de forma criativa, levavam a investigação clínica e a sua conceituação adiante.

Origem psicanalítica

Quais foram as ideias de Freud que, especificamente, despertaram o interesse de Klein é algo que, naturalmente, permanece no campo da especulação. Porém, dado o fato de que a leitura de "Sobre os sonhos" obviamente operou como um evento-chave para ela e já que conhecemos hoje as características desenvolvidas posteriormente por ela em seu trabalho e em seu pensamento analítico, talvez seja possível apresentá-las estabelecendo alguns paralelos com as proposições de Freud, presentes naquele texto inicial. Dessa maneira, poderá ser demonstrado também de forma mais compreensível por que, desde o início, Klein se via como uma seguidora de Freud, cujos conceitos centrais ela se via complementando e continuando a desenvolver. Três pontos relacionados a essa questão me parecem fundamentais:

1. Orientar-se pela experiência (o que, eventualmente, estava em contradição com a visão de ciência dominante): a maioria dos autores médicos, assim Freud (1901) nos deixa saber no capítulo introdutório de "Sobre os sonhos", defendia uma visão segundo a qual "os sonhos mal chegam a possuir algum valor como fenômeno psíquico" (p. 646) e, em vez disso, considerava-os apenas do ponto de vista corporal. "Pouco influenciado por esse juízo da ciência e não se preocupando com as fontes do sonho", a opinião popular, no entanto, parecia se ater à crença de que o sonho possuía um sentido "que pode ser desvendado por algum método de interpretação de seu conteúdo, frequentemente confuso e enigmático" (Freud, 1901). "Para minha grande surpresa", continua Freud no segundo capítulo, "eu descobri um dia que não a visão médica do sonho, mas a popular, ainda que envolta em superstições, é aquela que mais se aproxima da verdade" (p. 647). Freud expõe mais adiante como seu novo método de investigação psicológica, que lhe prestara bons serviços no estudo de fobias, de ideias delirantes e fóbicas etc., agora também lhe trazia esclarecimentos sobre o sonho, por lhe permitir decifrar os pensamentos oníricos latentes. Melanie Klein, assim imagino, pode ter se sentido vista e levada a sério no seu "conhecimento" inconsciente de que, entre outros, seus próprios sonhos eram importantes e tinham um sentido. Para examinar tudo isso, encaminhou-se como paciente a uma análise.

Melanie Klein: autobiografia comentada

Com o início de sua atividade clínica em Berlim, em 1921, ela própria passou a registrar com muita atenção as experiências de seus pequenos pacientes e procurou sondar o "conhecimento" inconsciente deles, como surgia em suas associações – foi assim que encontrou algumas coisas que contradiziam a teoria/"ciência" da época. Alguns exemplos desse início de sua prática clínica, que se tornaram o germe de suas explorações pioneiras e que romperam paradigmas, podem servir de ilustração para isso: com o tratamento de Grete, aos 9 anos de idade, em 1921, ficou claro para Klein que determinada situação, em vez do que poderia ser inicialmente assumido, não estava relacionada com o pênis (e com a assim conhecida inveja do pênis), mas que a garotinha estava preocupada com a integridade do seu próprio genital feminino e se questionava a esse respeito; em 1923, a crise de pânico de Rita, de 2 anos e 9 meses de idade, com a qual ela reagiu logo no início da primeira brincadeira e na qual se provou útil supor a existência de uma figura interna intimidadora e severa, que restringia extremamente e de forma concreta inclusive o espaço do brincar da criança – "embora", de acordo com a teoria, a introjeção eventual de figuras parentais severas fosse "esperada" apenas a partir do declínio do complexo de Édipo; Erna, a menina de 6 anos, gravemente obsessiva, cuja análise em 1924, entre outras coisas, apontou uma paranoia que se ocultava por trás da sua sintomatologia e que, por sua vez, estava relacionada com a projeção de partes más de sua própria personalidade – em uma época, no entanto, na qual a visão clássica corrente voltava sua atenção para a solução de compromisso defensiva diante dos impulsos instintuais. E, ainda, com Felix, de 13 anos de idade, Klein não se limitou a considerar seu tique como um sintoma provindo do narcisismo primário – logo, não analisável – mas o ajudou, descobrindo com ele as identificações com os pais em coito, que se encontravam subjacentes a seu tique.

2. O procedimento de acordo com o método: "Agora registrarei . . . meus pensamentos sem intenção alguma e desprovido de crítica, todos aqueles que me ocorrerem durante a minha auto-observação. Logo percebo que é vantajoso decompor o sonho em seus elementos individuais e buscar, para cada uma dessas partes, as respectivas associações" (Freud, 1901, p. 650). Esse método é demonstrado por Freud (1901) em um sonho dele mesmo, apontando assim o caminho que vai de um sonho aparentemente "pouco claro e sem sentido" até "cadeias de pensamento repletas de afetos e sentidos" (p. 653). Parece que Klein se sentiu imediatamente esclarecida com o método da associação livre, que iria se mostrar útil ao ser tomado como base para o desenvolvimento de uma técnica adequada às crianças – a análise por intermédio do brincar. No início, ela procedeu, evidentemente, conforme a indicação de Freud com relação aos sonhos de seus pacientes – em 1921, ela pediu a seu primeiro paciente, Fritz, que fizesse associações com cada um dos elementos do seu sonho (Frank, 2000) para, dessa maneira, conseguir che-

gar a seu sentido. Tal fidelidade em seguir rigorosamente o método levou-a a alguns enganos iniciais (ela pensava poder analisar as crianças da mesma forma que analisava os adultos e lhes oferecia o divã etc.), que, após superados, lhe possibilitaram adentrar e conhecer – no sentido freudiano, de uma junção entre tratamento e investigação – um terreno até então desconhecido.

3. O trabalho com a culpa (dos mais diferentes tipos): "Vós nos conduzis à vida, deixais a pobre criatura culpada" (Freud, 1901, p. 650) é como soa uma associação de Sigmund Freud ao seu sonho do *Table d'hôte*,[5] que ele analisou de forma bastante detalhada e na qual, entre outras coisas, citou um pequeno conflito que havia vivido com sua mulher no passado. Parece-me bem plausível imaginar que Klein tenha se sentido tocada por essa maneira natural (e suficientemente discreta) de lidar com os conflitos ao ler o livro sobre sonhos. A meu ver, parece bastante evidente que o tema da culpa possa ter sido de grande importância para Klein nesse momento, apesar de a investigação mais aprofundada da culpa por Freud não ter ainda ocorrido e se dar, de forma impressionante, somente nos anos seguintes (em "Luto e melancolia", "Além do princípio do prazer" etc.).

Em pouco tempo, Melanie Klein assumiria o bastão. Ela considerava o sentimento de culpa inconsciente como

---

5 Versos de *Wilhelm Meister*, de Goethe, citado por Freud.

uma das descobertas mais abrangentes de Freud. Em Berlim, ela aprendeu com Abraham a valorizar também a análise da transferência negativa, e se fundamentou teoricamente nas contribuições dele sobre a compreensão do sadismo oral e da dimensão primitiva sádico-anal. Após ser confrontada com diversas situações de ansiedade nas análises de crianças por ela conduzidas, diferentes qualidades dos sentimentos inconscientes de culpa foram se revelando aos poucos a ela. Serão, por fim, conceituados e apresentados por Klein como parte de uma posição depressiva (1935) e de uma posição esquizoparanoide (1946), posições que trazem consigo consequências técnicas no tratamento. (Em *Psicologia do século XX*, de 1977, Ruth Riesenberg-Malcolm ilustra, em seu capítulo sobre "A obra de Melanie Klein", com exemplos clínicos detalhados, essas duas posições.)

Era natural, para Klein, que ela investigasse também suas próprias ansiedades. Assim como Freud, também Klein se utilizou, entre outras coisas, dos seus sonhos para sua autoanálise. A esse respeito é possível ler, por exemplo, que, com a ajuda dos próprios sonhos e sem se preocupar muito em ocultar sua identidade, ela elaborou a relação entre o luto e os estados maníaco-depressivos após a morte de seu filho Hans em 1934 (Klein, 1935, p. 179). Mostrou como os sentimentos de culpa podem, entre outras coisas, estar presentes em um elemento de triunfo e, via de regra, se encontram enraizados em uma negação primitiva etc. Aqui temos um exemplo do seu esforço, ao

Melanie Klein: autobiografia comentada

longo de toda a vida, para descobrir sempre mais sobre as ansiedades profundas e suas correspondentes defesas (ver p. 84; Sayers & Forrester, 2013, p. 156).

Orientação teórica — inovações teóricas

A psicanálise freudiana foi o ponto de partida de Klein, e o ponto a partir do qual ela se orientava para a apreensão da situação clínica, junto com sugestões de Ferenczi, Abraham e outros analistas contemporâneos a ela. Em função do escopo do presente artigo, a natureza do desenvolvimento do pensamento de Klein poderá ser somente delineada, a partir de alguns pontos e a título de exemplo. Sempre foi um fator decisivo, para Klein, que a teoria fosse de utilidade para a clínica. Nesse sentido, ela complementava e modificava continuamente a teoria sempre de acordo com seus achados clínicos. O desenvolvimento de Klein não se dava de forma abstrata e sistemática, mas se baseava nos obstáculos por ela experimentados durante o processo analítico e que demandavam uma compreensão mais apropriada. "Esclarecimento", no mais puro sentido da palavra, era o seu *Leitmotiv*, a começar pelo esclarecimento sexual (Klein, 1921), e rapidamente compreendendo que eventualmente seria necessário um "esclarecimento" mais aprofundado das ansiedades e fantasias existentes.

a) Klein se baseou nas descobertas de Freud a respeito da centralidade do complexo de Édipo para construir suas teorias. Sua clínica mostrou que, muito antes do que supunha Freud, fantasias e ansiedades edípicas podiam ser observadas nas crianças, e que essas fantasias e ansiedades, por sua vez, também pareciam ter uma história prévia. Ela descreveu essas ansiedades e fantasias como pertencentes a estágios iniciais do complexo de Édipo (Klein, 1928). Um papel importante na configuração edípica primitiva é atribuído às fantasias de um objeto composto dos pais reunidos, que pode ser tanto de natureza excitante como gerador de ansiedade. (Uma descrição vívida é encontrada em Hanna Segal, 1973/2004.) A conclusão que segue é que desde o princípio o bebê não pode fazer outra coisa senão representar psiquicamente suas experiências na forma de relações (primitivas), cuja qualidade cabe explorar mais profundamente. Desde então, a exploração desse mundo interno vem sendo continuamente levada adiante.

b) A teoria freudiana das instâncias[6] compreende o id, o eu e o supereu, conforme é de conhecimento geral. Esse último estabelece-se com o declínio do complexo de Édipo, segundo a visão clássica. Klein, no entanto, já havia observado os efeitos de uma figura extremamente recriminadora em crianças muito pequenas (ver Rita, no tópico "Origem psicanalítica"), o que a levou a descrever formações anteriores ao supereu descrito por Freud, que, no entanto, estão também relacionadas ao supereu e que se caracterizam por grande dureza e severidade. Enquan-

---

6 Também chamada de teoria estrutural. [N.T.]

to uma parte do supereu amadurece no curso do desenvolvimento e perde assim sua característica de produzir ansiedade, Klein, mais tarde, vai assumir que outras partes continuam existindo como objetos cindidos e aterrorizantes no inconsciente (Klein, 1958).

O supereu primitivo é enfrentado por meio de mecanismos de defesa como cisão, negação, identificação projetiva etc. Klein denominou esse estado emocional inicial, composto de determinada constelação de ansiedades, mecanismos de defesa e relações objetais internas e externas, de posição esquizoparanoide. O conceito de posição esquizoparanoide não se refere apenas a um estágio de desenvolvimento, mas, como muitas ideias kleinianas, é diretamente relevante para a situação clínica, em que a relação com o analista pode ser experimentada de acordo com tal posição.

c) Na concepção de Klein, esse supereu inicial é nutrido pelo instinto de morte. Com isso, Klein levou adiante o desenvolvimento da teoria de Freud a respeito da determinação do indivíduo pelos instintos de vida e de morte, ao lhe atribuir também um sentido clínico. Ela havia observado muitas vezes em seus pacientes infantis que eles se tornavam agressivos devido à ansiedade, o que por sua vez aumentava a ansiedade e, portanto, reforçava um círculo vicioso. Ela mesma havia se referido uma vez a um "princípio do mal" (Frank, 2013), mas depois, usando os conceitos de Freud, traduziu a teoria da seguinte maneira: "O ciclo dominado pelo instinto de morte age no sentido de que a agressão desencadeia ansiedade e ansiedade intensifica a agressão" (Klein, 1932, p. 195).

Ao mesmo tempo, Klein observou em suas análises de crianças as mais diversas tentativas de reparação, nas quais se manifesta o instinto de vida. Em 1935, no contexto da descrição de Klein de uma posição depressiva, a reparação obteve sua ancoragem conceitual final como uma preocupação e um esforço pelo bem-estar do objeto. "O eu se sente (e isso, de fato, em função de sua identificação com o objeto bom) impelido a reparar todos os ataques sádicos que fez contra o objeto" (Klein, 1935, p. 41).

Klein dedicou seu último grande trabalho teórico ao conflito entre os instintos de vida e de morte: "Inveja e gratidão. Uma investigação de fontes inconscientes" (1957). Dessa forma, ela introduziu mais uma vez dois conceitos centrais, inveja e gratidão, que, assim como o conceito de reparação, também têm sua origem na linguagem do cotidiano, para sondar em profundidade a psicanálise desses problemas da vida.

d) O conceito de fantasias inconscientes introduzido por Freud foi aprofundado por Klein, que mostrou que as fantasias inconscientes são fundamentais para a vida psíquica: elas determinam sua forma e seu conteúdo. No conceito de fantasia inconsciente, o sensório-corporal e as emoções estão conectadas com as representações dos objetos a eles associados (ver também Isaacs, 1948; Weiß, 2013). Nas fantasias inconscientes, experiências internas e externas, que interagem entre si constantemente, são organi-

Melanie Klein: autobiografia comentada

zadas. Representações próximas ao corpo gradualmente se diferenciam em imagens e representações simbólicas. Com a ideia de simbolização ancorada no mundo das relações, Klein conseguiu acessar um campo que Freud havia tentado compreender usando o conceito de sublimação.

PUBLICAÇÃO E RECEPÇÃO DE SEU TRABALHO EM PAÍSES DE LÍNGUA ALEMÃ

A história da publicação da obra de Klein em alemão é determinada, ainda que não exclusivamente, mas em grande parte, pelas implicações dos terríveis crimes cometidos pela Alemanha nazista. Os primeiros trabalhos de Klein (1919-1926), principalmente as palestras revisadas, apareceram evidentemente em língua alemã, principalmente na *Imago* e na *Zeitschrift für Psychoanalyse*. Mesmo após a mudança de Klein para Londres, em 1926, a maioria dos artigos continuou a ser publicada em alemão (com exceção, por exemplo, de "Symposium on child analysis" ["Simpósio sobre análise de crianças"], publicado em 1927 no *International Journal of Psychoanalysis*), o que foi interrompido com a publicação de sua primeira grande obra, *Psicanálise da criança*, em alemão e inglês. Em 1937, dois anos depois da publicação inglesa, surgiu ainda "Sobre a psicogênese dos estados maníaco-depressivos".

Na Alemanha, a psicanálise já tinha deixado de existir, e, após os estragos da Alemanha nazista, demoraria décadas e seria necessário muito apoio de colegas da IPA, então refugiados da Alemanha e residentes no exterior, para que fosse novamente possível se desenvolver uma cultura psicanalítica. Alexander Mitscherlich percebeu cedo o quanto havia a ser recuperado na Alemanha e familiarizou os leitores alemães, por meio da revista *Psyche* e de várias séries de livros, com os diferentes desenvolvimentos na psicanálise internacional. Isso incluiu, entre outras coisas, seu esforço para publicar um novo trabalho de Klein em alemão, simultaneamente a sua publicação na versão em inglês, no que foi bem-sucedido com a publicação de *Inveja e gratidão* em 1957. A isso se seguiu a tradução de alguns artigos anteriormente publicados em inglês. Uma primeira coleção com alguns dos trabalhos de Klein em forma de livro, *A vida interior da criança*, foi publicada em 1962, seguida por outros. Mas somente em 1995 foi publicado o primeiro volume das *Obras completas* de Klein, e desde 2002 estão disponíveis todos os volumes.

No final dos anos 1950, os trabalhos de Klein suscitaram interesse entre os leitores da *Psyche* (Frank, 2015a). Protagonistas individuais do período de pós-guerra, entre outros Wolfgang Loch, referem-se a ela em seu trabalho teórico desde o início, mas clinicamente eles só puderam produzir frutos parcialmente. Para isso foi necessário ser capaz de enfrentar o "Hitler interno". Pois, como Cycon escreveu em seu prefácio em 1995 para a primeira edição das *Obras completas de Melanie Klein* em alemão, as "fantasias de desmembramento, ruptura, roubo e esvaziamento, queima (por urina), envenenamento (por excremento), gaseificação (através de gases intestinais) e a aniquilação total do objeto que se tornou completamente mal através da projeção excessiva", fantasias psicóticas, terríveis e destrutivas, descobertas por Klein, se tornaram realidade na Alemanha (p. XII).

Durante as primeiras décadas do pós-guerra, prevaleciam, na sua grande maioria, a negação e a autorreparação maníaca. No início dos anos 1980, iniciou-se finalmente um confronto com o passado, por vezes com bastante veemência. Na Sociedade Psicanalítica Alemã (DPV) formou-se um dos primeiros grupos de supervisão, que durante os anos de 1980-1986 discutiu regularmente seus casos em atendimento com Herbert Rosenfeld, de Londres (Rosenfeld havia fugido de Nuremberg, em 1935, com sua família judia). Ali eles aprenderam como era possível pensar a respeito da situação analítica com a ajuda dos conceitos kleinianos e desenvolver assim um acesso mais direto ao paciente. Passava a ser possível também refletir, a partir de alguns aspectos, entre outras coisas, sobre as identificações com criminosos nazistas/um "Hitler interior" (ver, por exemplo, Appy, 1992), principalmente nas análises, mas também do ponto de vista da psicologia social. H. Beland (1988/2008) expôs, entre outras coisas, a história do enfrentamento com o passado na DPV. Uma parte dos analistas alemães considerou o modo kleiniano de pensar a respeito dos pacientes de grande ajuda, procurou e ainda procura, em diferentes tipos de agrupamentos, fazer supervisão com os sucessores de Klein.

IMPORTÂNCIA PARA O DESENVOLVIMENTO POSTERIOR DA TEORIA, BEM COMO PARA A PSICANÁLISE ATUAL

Podemos assinalar desenvolvimentos posteriores extremamente férteis para compreender a vida da alma humana produzidos a partir das ideias de Klein por colegas, por sua vez, também muito originais. Destes, é possível apenas mencionar algumas ideias com poucas palavras e de forma muito resumida. A proximidade com a clínica une todas essas contribuições, o que as torna bastante úteis para a prática. O pensamento kleiniano é cada vez mais importante em todo o mundo, há muito tempo existe um vívido interesse por ele na América do Sul, e agora, cada vez mais, também nos Estados Unidos, e em muitos países europeus, além de em Israel, Índia, Turquia etc. Retorno agora às palavras-chave do tópico "Orientação teórica — inovações teóricas" para indicar as novas diferenciações e aprofundamentos.

a) Muitas facetas da constelação edipiana, que podem ser acompanhadas pelos micromovimentos durante uma sessão, foram trabalhadas com mais detalhes nesse meio-tempo: por exemplo, "Ataques aos vínculos", de Wilfred Bion; "Fazendo vista grossa", bem como a descrição das diferentes formas do conflito do Édipo, por John Steiner; o significado dos "Fatos da vida", por Roger Money-Kyrle; a exploração dos vários componentes e funções do espaço triangular, por Ronald Britton.

Melanie Klein: autobiografia comentada

b) Se Klein já havia descrito diferentes formas de um supereu mais precoce do que aquele relatado por Freud, chegando a falar até em um supereu invejoso, outras formas de supereu foram registradas nas décadas seguintes: entre outros, um supereu que ataca o eu, por Wilfred Bion; um supereu patologicamente "anormal", por Edna O'Shaughnessy, que se baseou em trabalhos de Roger Money-Kyrle e Wilfred Bion. A investigação contínua a respeito do supereu também inclui o tema do seu manejo, como a idealização de um supereu cruel, por Eric Brenman, e a emancipação de um supereu, por Ronald Britton. Não é necessário enfatizar a importância desses avanços para os tratamentos.

Quanto ao que já mencionei nesse contexto, no tópico "Orientação teórica – inovações teóricas", com relação à defesa contra o supereu precoce e a posição esquizoparanoide, seguiram-se investigações capazes de preencher livros inteiros. Destaco a descrição de várias organizações defensivas por alguns autores (com mais detalhes provavelmente por John Steiner em seu trabalho sobre os refúgios psíquicos). Além disso, tanto a posição esquizoparanoide quanto a posição depressiva em suas diferentes funções, assim como a oscilação entre ambas, foram mais exploradas por Wilfred Bion e Ronald Britton.

Entre todas as ideias inovadoras de Klein, o conceito de identificação projetiva foi aquele que tinha o maior potencial para abrir portas. Inicialmente compreendida por Klein como estando a serviço da defesa, a identificação projeta progressivamente passou a ser considerada base para a comunicação. Para além disso, seguiu-se a investigação das mais diferentes formas e funções, investigação que continua a ser levada adiante (Wilfred Bion, Herbert Rosenfeld, entre outros; para uma visão geral, Frank & Weiß, 2007; Spillius & O'Shaughnessy, 2012 etc.).

c) O título da obra de Hanna Segal "Sobre a utilidade clínica do conceito de instinto de morte" (1993/2001) já aponta para o esforço central de tornar mais fértil clinicamente a ideia de um conflito entre os instintos de vida e de morte. Aqui também foram publicados inúmeros artigos, e a gama de tratamentos possíveis foi estendida a desordens anteriormente consideradas não analisáveis. Herbert Rosenfeld realizou a análise de estados psicóticos e mostrou o efeito fatal da idealização de elementos narcísico-destrutivos em outros pacientes também. Betty Joseph publicou a respeito de pacientes de difícil acesso e Michael Feldman prosseguiu nessa abordagem; muitos outros autores apresentaram contribuições adicionais para o tratamento analítico de pacientes-limite, de pacientes perversos, de pacientes obsessivo-compulsivos etc.

Da mesma forma, investigações mais detalhadas de processos de reparação bem-sucedidos e fracassados estão em andamento (ver, por exemplo, *Jahrbuch der Psychoanalyse, 65*, de 2012).

d) Evidentemente, os processos de simbolização são centrais para as transformações mentais. Deve ser mencionada a notável contribuição de Wilfred Bion, que não

Melanie Klein: autobiografia comentada

poderá ser contemplada neste artigo. O estudo de Hanna Segal sobre os processos de simbolização e a descrição de uma "equação simbólica" é de valor inestimável, bem como sua investigação a respeito dos processos criativos; Roger Money-Kyrle realizou contribuições fundamentais com "Desenvolvimento cognitivo"; ideias como concepção/concepção errônea [*misconception*], orientação/desorientação merecem ser levadas adiante (Frank, 2015b)

Melanie Klein comentou em sua *Autobiografia* que estava "muito ansiosa para encontrar o que me satisfizesse intelectual e emocionalmente" e acabou descobrindo algo do que procurava indicado no texto "Sobre o sonho", de Freud. Penso que, ao tratar sua experiência clínica com seriedade e tentar encontrar conceitos teóricos adequados, Klein desenvolveu uma abordagem "intelectualmente e emocionalmente satisfatória", que nos encoraja até hoje a enfrentar e explorar em profundidade, com nossos pacientes, suas dificuldades individuais por meio dos processos de transferência e contratransferência. E, a partir de releituras dessas experiências de análises, a teoria e a clínica psicanalítica se desenvolvem.

Referências

Appy, G. (1992). Was bedeutet "Auschwitz" heute. In R. Moses & F.-W. Eickhoff (Hg.), *Die Bedeutung des Holocaust für nicht direkt Betroffene* (Jahrbuch der Psychoanalyse, Beiheft 14). Stuttgart: Frommann-Holzboog.

Beland, H. (2008). Wie verstehen sie sich selbst. Zur Geschichte der Auseinandersetzung mit der eigenen Vergangenheit in der Deutschen Psychoanalytischen Vergangenheit. In H. Beland, *Die Angst vor Denken und Tun* (pp. 361-375). Gießen: Psychosozial-Verlag. (Trabalho original publicado em 1988)

Bion, W. R. (1990a). Angriffe auf Verbindungen. In E. Bott Spillius (Hg.) (Bd. I, pp. 110-129). München: Verlag Internationale Psychoanalyse. (Trabalho original publicado em 1959).

[Bion, W. R. (1991). Ataques ao elo de ligação. In E. Spillius (Org.), *Melanie Klein hoje.* v. 1. Rio de Janeiro: Imago.]

Bion, W. R. (1990b). *Lernen durch Erfahrung.* Frankfurt a.M.: Suhrkamp. (Trabalho original publicado em 1962)

[Bion, W. R. (1991). *O aprender com a experiência.* Rio de Janeiro: Imago.]

Brenman, E. (2014). *Vom Wiederfinden des guten Objekts.* Stuttgart: Frommann-Holzboog. (Trabalho original publicado em 2006)

Britton, R. (2001). *Glaube, Phantasie und psychische Realität.* Stuttgart: Klett-Cotta. (Trabalho original publicado em 1998)

[Britton, R. (2003). *Crença e imaginação.* Rio de Janeiro: Imago.]

Britton, R. (2006). *Sexualität, Tod und Über-Ich.* Stuttgart: Klett-Cotta. (Trabalho original publicado em 2001)

Cycon, R. (1995). Vorwort zur deutschen Ausgabe der Gesammelten Schriften. In Cycon, R. & Herb, H. (Hg.). *Melanie Klein: Gesammelte Schriften*, Vol. I, Part 1, (pp. ix-xvi). Stuttgart: Frommann-Holzboog.

Feldman, M. (2009). *Doubt, conviction and the analytic process.* London/New York: Routledge.

Frank, C. (1999). *Melanie Kleins erste Kinderanalysen – die Entdeckung des Kindes als Objekt sui generis von Heilen und Forschen.* Stuttgart: Frommann-Holzboog.

Melanie Klein: autobiografia comentada

Frank, C. (2000). "Vergisst alle Träume". Die ersten Anfänge von Melanie Kleins kinderanalytischen Behandlungen. *Luzifer-Amor*, 25, 25-46.

Frank, C. (2003). Zu Melanie Kleins zeitgenössischer Bezugnahme auf Hitler und den Zweiten Weltkrieg in ihren Behandlungen. *Psyche-Z Psychoanal.*, 57, 708-728.

Frank, C. (2012). *Wiedergutmachung – zur Entstehung eines neuen Konzepts aus Melanie Kleins ersten Kinderanalysen. Jahrb. Psychoanal.*, 65, 81-106.

Frank, C. (2013). Drei statt zwei Prinzipien psychischen Geschehens? Überlegungen zu Freuds einschlägiger Arbeit (1911b) und Melanie Kleins Entdeckung eines bösen Prinzips. In L. Hermanns & A. Hirschmüller (Hg.), *Vom Sammeln, Bedenken und Deuten in Geschichte, Kunst und Psychoanalyse. Gerhard Fichtner zu Ehren* (pp. 223-247). Stuttgart-Bad Cannstatt: Frommann-Holzboog.

Frank, C. (2015a). Eine "deutliche Reaktionsbildung gegen Todestriebhypothesen" (Brun 1953): Ein Strang der Rezeptionsgeschichte von Freuds Todestriebkonzept im deutschen Sprachraum. *Luzifer-Amor*, 55, 136-157.

Frank, C. (2015b). Zum Wurzeln der Symbolisierung in "sinnhaften" unbewussten Phantasien körperlicher Erfahrungen: Der kleinianische Symbolisierungsbegriff. *Jahrb. Psychoanal.*, 71, 41-63.

Frank, C., & Weiß, H. (Hg.). (1997). *Herausgeber der Reihe "Perspektiven Kleinianische Psychoanalyse"*. Tübingen: Edition Diskord.

Frank, C., & Weiß, H. (Hg.). (2002). *Kleinianische Theorie in klinischer Praxis. Schriften von Elizabeth Bott Spillius*. Stuttgart: Klett-Cotta.

Frank, C., & Weiß, H. (Hg.). (2007). *Projektive Identifizierung*. Stuttgart: Klett-Cotta.

Freud, A. (1980). Vier Vorträge über Kinderanalyse. In A. Freud, *Die Schriften der Anna Freud* (Bd. I/B). Frankfurt am Main: Fischer. (Trabalho original publicado em 1926-1927)

Freud, S. (1900). Die Traumdeutung. In S. Freud, *Gesammelte Werke* (GW) *II/III*. Frankfurt am Main: Fischer.

[Freud, S. (1969). A interpretação dos sonhos. In *Edição Standard Brasileira das Obras Psicológicas Completas de Sigmund Freud* (vol. IV e V) (Walderedo Ismael de Oliveira, trad.). Rio de Janeiro: Imago.]

Freud, S. (1901). Über den Traum. In S. Freud, *GW II/III* (pp. 645-700). Frankfurt am Main: Fischer.

[Freud, S. (1969). Sobre os sonhos. In *Edição Standard Brasileira das Obras Psicológicas Completas de Sigmund Freud* (vol. V, pp. 655-700) (Walderedo Ismael de Oliveira, trad.). Rio de Janeiro: Imago.]

Freud, S. (1917). Eine Schwierigkeit der Psychoanalyse. In S. Freud, *GW XII* (pp. 3-12). Frankfurt am Main: Fischer.

[Freud, S. (1969). Uma dificuldade no caminho da psicanálise. In *Edição Standard Brasileira das Obras Psicológicas Completas de Sigmund Freud* (vol. XVII, pp. 147-153). (Eudoro Augusto Macieira de Souza, trad.). Rio de Janeiro: Imago.]

Freud, S. (1927). Die Zukunft einer Illusion. In S. Freud, *GW XIV* (pp. 325-380). Frankfurt am Main: Fischer.

[Freud, S. (1969). O futuro de uma ilusão. In *Edição Standard Brasileira das Obras Psicológicas Completas de Sigmund Freud* (vol. XXI, pp. 15-63) (José Octávio de Aguiar Abreu, trad.). Rio de Janeiro: Imago.]

Isaacs, Susan (1948) The nature and function of phantasy. *International Journal of Psychoanalysis 29*: 73-97.

[Isaacs, S. (1969). A natureza e função da fantasia. In: M. Klein (Org.), *Os progressos da psicanálise*. Rio de Janeiro: Zahar.]

Joseph, B. (1994). *Psychisches Gleichgewicht und psychische Veränderung*. Stuttgart: Klett-Cotta. (Trabalho original publicado em 1989)

[Joseph, B. (1992). *Equilíbrio psíquico e mudança psíquica*. Rio de Janeiro: Imago.]

Melanie Klein: autobiografia comentada

King, P., & Steiner, R. (Hg.). (2000). *Die Freud/Klein Kontroverse* (2 Bd). Stuttgart: Klett-Cotta. (Trabalho original publicado em 1991)

[King, P., & Steiner, R. (Orgs.) (1998). *As controvésias Freud-Klein 1941-45*. Rio de Janeiro: Imago.]

Klein, M. (1921). Eine Kinderentwicklung. In M. Klein, *Gesammelte Schriften* (Bd. I, Teil 1 [GSK I,1], pp. 11-88). Stuttgart: Frommann--Holzboog.

[Klein, M. (1996). O desenvolvimento de uma criança. In M. Klein, *Amor, culpa e reparação e outros trabalhos: 1921-1945* (Obras completas de Melanie Klein, vol. 1, pp. 21-75). Rio de Janeiro: Imago.]

Klein, M. (1928). Frühstadien des Ödipuskonflikts. In M. Klein, *GSK I,1* (pp. 287-305).

[Klein, M. (1996). Estágios iniciais do conflito edipiano. In M. Klein, *Amor, culpa e reparação e outros trabalhos: 1921-1945* (Obras completas de Melanie Klein, vol. 1, pp. 214-227). Rio de Janeiro: Imago.]

Klein, M. (1932). Die Psychoanalyse des Kindes. In M. Klein, *GSK II*.

[Klein, M. (1997). *A psicanálise de crianças* (L. P. Chaves, trad.). Rio de Janeiro: Imago.]

Klein, M. (1935). Beitrag zur Psychogenese der manisch-depressiven Zustände. In M. Klein, *GSK I, 2* (pp. 29-75).

[Klein, M. (1996). Uma contribuição à psicogênese dos estados maníaco-depressivos. In M. Klein, *Amor, culpa e reparação e outros trabalhos: 1921-1945* (Obras completas de Melanie Klein, vol. 1, pp. 301-329). Rio de Janeiro: Imago.]

Klein, M. (1946). Bemerkungen über einige schizoide Mechanismen. In M. Klein, *GSK III* (pp. 1-41).

[Klein, M. (1991). Notas sobre alguns mecanismos esquizóides. In M. Klein, *Inveja e gratidão e outros trabalhos: 1946-1963* (Obras completas de Melanie Klein, vol. 3, pp. 17-43). Rio de Janeiro: Imago.]

Klein, M. (1957). Neid und Dankbarkeit. In M. Klein, *GSK III* (pp. 297-367).

[Klein, M. (1991). Inveja e gratidão. In M. Klein, *Inveja e gratidão e outros trabalhos: 1946-1963* (Obras completas de Melanie Klein, vol. 3, pp. 205-267). Rio de Janeiro: Imago.]

Klein, M. (1958). Zur Entwicklung psychischen Funktionierens. In M. Klein, *GSK III* (pp. 369-386).

[Klein, M. (1991). Sobre o desenvolvimento do funcionamento mental. In M. Klein, *Inveja e gratidão e outros trabalhos: 1946-1963* (Obras completas de Melanie Klein, vol. 3, pp. 268-279). Rio de Janeiro: Imago.]

Kristeva, J. (2008). *Das weibliche Genie – Melanie Klein.* Gießen: Psychosozial-Verlag. (Trabalho original publicado em 1999)

[Kristeva, J. (2002). *O gênio feminino: a vida, a loucura, as palavras.* Tomo II: Melanie Klein. Rio de Janeiro: Rocco.]

Money-Kyrle, R. (1978). Cognitive Development. In R. Money--Kyrle, *The collected papers of Roger Money-Kyrle* (hg. V. D. Meltzer unter Mitarbeit v. E. O'Shaughnessy, pp. 416-433). Perthshire, Clunie Press. (Trabalho original publicado em 1968)

[Money-Kyrle, R. (1996). Desenvolvimento cognitivo. In: *Obra Selecionada de Roger Money-Kyrle.* São Paulo: Casa do Psicólogo.]

O'Shaughnessy, E. (1998). *Kann ein Lügner analysiert werden? Emotionale Erfahrungen und psychische Realität in Kinder- und Erwachsenenanalysen* (C. Frank e H. Weiß, Hg.). Tübingen: Edition Diskord.

O'Shaughnessy, E. (1999). Relating to the Superego. *Int. J. Psycho-Anal., 80,* 861-870.

Riesenberg-Malcolm, R. (1977). Das Werk von Melanie Klein. In *Kindlers Die Psychologie des 20. Jahrhunderts. Tiefenpsychologie* (Band 3: *Die Nachfolger Freuds,* pp. 81-120). Weinheim/Basel: Beltz.

Riviere, J. (1996). Symposium zur Kinderanalyse. In J. Riviere, *Ausgewählte Schriften* (L. Gast, Hg.). Tübingen: Edition Diskord. (Trabalho original publicado em 1927)

Melanie Klein: autobiografia comentada

Rosenfeld, H. (1971). Beitrag zur psychoanalytischen Theorie des Lebens- und Todestriebes aus klinischer Sicht: Eine Untersuchung der aggressiven Aspekte des Narzißmus. *Psyche-Z Psychoanal.*, 25, 476-493.

[Rosenfeld, H. (1989). Uma abordagem clínica à teoria psicanalítica das pulsões de vida e de morte: uma investigação dos aspectos agressivos do narcisismo. In *Melanie Klein: evoluções*. São Paulo: Escuta.]

Rosenfeld, H. (1981). *Zur Psychoanalyse psychotischer Zustände*. Frankfurt: Suhrkamp. (Trabalho original publicado em 1966)

[Rosenfeld, H. (1968). *Os estados psicóticos*. Rio de Janeiro: Zahar.]

Sayers, J., & Forrester, J. (2013). *The Autobiography of Melanie Klein. Psychoanalysis and History*, 15(2), 127-163.

Segal, H. (1992). *Wahnvorstellung und künstlerische Kreativität*. Stuttgart: Klett-Cotta. (Trabalho original publicado em 1981).

Segal, H. (1996). *Traum, Phantasie und Kunst*. Stuttgart: Klett-Cotta. (Trabalho original publicado em 1991)

[Segal, H. (1993). *Sonho, fantasia e arte*. Rio de Janeiro: Imago, 1993.]

Segal, H. (2001). Über den klinischen Nutzen des Todestriebkonzepts. In C. Frank et al. (Hg.), "Wege der psychoanalytischen Therapie" (pp. 35-46). Tübingen: Attempto. (Trabalho original publicado em 1993)

[Segal, H. (1998). Sobre a utilidade clínica do conceito de instinto de morte. In *Psicanálise, Literatura e Guerra (artigos 1972-1995)*. Rio de Janeiro: Imago.]

Segal, H. (2004). *Melanie Klein. Eine Einführung in ihr Werk*. Tübingen: Edition Diskord. (Trabalho original publicado em 1973)

[Segal, H. (1975). *Introdução à obra de Melanie Klein*. Rio de Janeiro: Imago.]

Spillius, E. B. (Hg.). (1990). *Melanie Klein Heute* (2 Bd.). München: Verlag Internationale Psychoanalyse. (Trabalho original publicado em 1988)

[Spillius, E. B. (Org.). (1991). Melanie Klein hoje (2 volumes). Rio de Janeiro: Imago.]

Spillius, E. B., & O'Shaughnessy, E. (Hg.) (2012). *Projective Identification*. London/New York: Routledge.

Steiner, J. (1998). *Orte des seelischen Rückzugs*. Stuttgart: Klett-Cotta. (Trabalho original publicado em 1993)

[Steiner, J. (1997). *Refúgios psíquicos*. Rio de Janeiro: Imago.]

Steiner, J. (2006). *Narzißtische Einbrüche: Sehen und Gesehenwerden. Scham und Verlegenheit bei pathologischen Persönlichkeitsorganisationen* (H. Weiß e C. Frank, Hg.). Stuttgart: Klett-Cotta.

Steiner, J. (2014). *Seelische Rückzugsorte verlassen. Therapeutische Schritte zur Aufgabe der Borderline-Position* (H. Weiß e C. Frank, Hg.). Stuttgart: Klett-Cotta.

Weiß, H. (2013). Unbewusste Phantasien als strukturierende Prinzipien und Organisatoren des psychischen Lebens. *Psyche-Z Psychoanal.*, *67*, 903-930.

Melanie Klein: mulher, mãe, psicanalista[1]

IZELINDA GARCIA DE BARROS[2]

VORLAUT[3]

Melanie, a caçula da família, era esperta, ambiciosa, mimada e tão linda que certamente estava destinada a um casamento suntuoso e uma vida de luxo e prazeres.

Mas não era esse o foco do seu interesse. Embora tivesse ficado encantada quando a família pôde mudar-se para

---

1 Dedicado a Odilon de Mello Franco Filho.

2 Graduada em Medicina (FMUSP), membro efetivo, analista de crianças e analista didata da Sociedade Brasileira de Psicanálise de São Paulo (SBPSP).

3 Em um dos fragmentos de sua *Autobiografia* (ver p. 81; Sayers & Forrester, 2013, p. 155), Melanie Klein usa essa palavra, em alemão, para definir seu perfil de menina. Ao pé da letra, *vorlaut* significa "pré-alto", ou seja, falar alto antes dos outros para aparecer mais, chamar a atenção ou impor sua vontade. Não admira que ela tenha usado a palavra original em alemão; há coisas que só conseguimos expressar na língua materna.

Melanie Klein: autobiografia comentada

um bom apartamento e mobiliá-lo com algum requinte, sua ânsia de conhecimentos viu-se atendida ao ser matriculada na escola nova desse bairro agradável.

Gostou muito dessa primeira experiência com outras meninas e, longe de ser tímida como algumas de suas colegas – pelo contrário, assertiva, empenhada e inteligente –, era a preferida da professora.

Nada lhe dava mais prazer do que colecionar os sinetes *"com mérito"* que recebia em suas lições.

Já adolescente, seus projetos tomaram um rumo ainda mais ambicioso. Desde que entreouvira seu pai comentar que provavelmente a filha caçula estudaria Medicina, incorporou a ideia, com seu característico entusiasmo.

Assim, com a ajuda do irmão, imediatamente pôs-se a estudar as matérias exigidas para entrar no único colégio que preparava moças para a universidade, uma raridade e uma ousadia na Viena daquela época.

Aprovada, encontrou professores competentes, favoráveis ao acesso das mulheres ao mundo da cultura, encantou-se com suas companheiras, inteligentes e cultas acima da média, e logo entrou em um feliz consórcio com elas.

E, fora da escola, foi incluída no grupo de amigos talentosos do irmão, o que alimentava ainda mais seu fascínio pelo estudo e pelo conhecimento.

Sendo intelectualmente muito avançada para a época, e estimulada pelo círculo intelectual que frequentava, achava-se muito madura e tomava a inteligência e a cultura como o parâmetro mais confiável para eleger amigos e avaliar pessoas.

Ficou lisonjeada quando, dentre os rapazes que lhe faziam a corte, aquele que mais se destacava por exibir essas qualidades em alto grau pediu-a em casamento.

Assim, noiva aos 17 anos, diante da perspectiva do futuro casamento, sua acalentada carreira médica teve de ser abandonada.

Nos quatro anos de noivado, enquanto frequentava cursos livres de arte e história na universidade, teve clareza do quanto perdera ao desistir de seu projeto antigo; ficava cada vez mais evidente a profunda falta de afinidade entre ela e o noivo.

Presa a essa dolorosa ambivalência, sua antiga assertividade de menina sucumbiu ao destino comum às mulheres de seu tempo e Melanie casou-se com o noivo prometido aos 21 anos.

Foram anos difíceis.

Desde logo se viu às voltas com as tarefas da maternidade; entregou-se a elas com o empenho que lhe foi possível na época.

Melitta, sua filha mais velha, era um bebê tranquilo, muito apegado a ela e à babá; Hans, três anos mais novo, extremamente precoce. Ambos eram saudáveis e preenchiam a contento seus antigos parâmetros de inteligência e vivacidade.

Vivendo em pequenas cidades em função do trabalho do marido, sentia falta das tertúlias animadas do seu cír-

Melanie Klein: autobiografia comentada

culo intelectual de Viena, e, como pressentira no passado, seu casamento não evoluíra para uma intimidade confortável que lhe desse sustento emocional.

Melanie reconhecia sua profunda infelicidade, mas não via saída para sua vida. Colhida na teia paralisante de um casamento sem vitalidade, sentindo-se sem energia para acompanhar o desenvolvimento das suas crianças — que amava —, estava estabelecido o cenário para a eclosão de diferentes configurações de fundo depressivo que na época eram tratadas em clínicas e estações de águas, afastando-a repetidamente dos dois filhos.

Sua enérgica mãe assumia a direção da casa e cuidava dos netos, mas não compreendia bem essa filha complicada que considerava frágil e irremediavelmente "doente dos nervos".

Em uma das suas viagens de cura na Croácia, Melanie conheceu Klára Vágó, parente distante de seu marido, mulher inteligente, educada e independente. Tornaram-se amigas e, a seu convite, Melanie viajou para Budapeste para um período de repouso. Lá vislumbrou uma vida inteiramente diferente.

Budapeste, linda, progressista e rica de vida científica e cultural, foi uma das primeiras cidades da Europa a acolher com entusiasmo a psicanálise.

Revistas médicas divulgavam artigos de Freud, de Ferenczi e de outros psicanalistas; mas, além do círculo restrito das informações científicas, a psicanálise estava no centro dos debates e discussões de outros intelectuais e gozava de popularidade nos cafés e salões da cidade (Szekacs-Weisz & Rudnytsky, 2012, pp. 11-12).

Portanto, quando em 1910, seguindo a carreira do chefe da família, mudaram-se para Budapeste, Melanie já encontrou um ambiente acolhedor e muito estimulante.

Já viviam na cidade familiares de seu marido com quem estabeleceu fortes vínculos afetivos e, por intermédio deles, voltou a conviver com pessoas interessantes, frequentar teatros, festas e reuniões culturais nas quais começou a se familiarizar com os paradigmas da psicanálise e seu método de tratamento.

Nada mais natural, portanto, que se interessasse em buscar alívio para seus sintomas por meio da psicanálise.

Procurou Sándor Ferenczi – o mais notável analista húngaro (*"the most outstanding hungarian analist"*, ver p. 68) – e logo se viu profundamente mergulhada no processo analítico. Apropriar-se das teorias que sustentavam tal prática foi o passo seguinte.

A leitura do pequeno livro *Sobre os sonhos*, de Freud, despertou sua antiga assertividade – intimamente teve a certeza de que era esse um caminho equivalente em valor àquele interrompido lá atrás, quando abandonou a medicina.

Mais velha, mais madura, dessa vez nada a levaria a abandoná-lo; pelo contrário, a psicanálise passou a ser parte integrante do tecido de sua vida, até o fim de seus dias.

Renascendo das cinzas, encontrou em Budapeste, com seu excepcional analista e mentor Sándor Ferenczi, o ali-

Melanie Klein: autobiografia comentada

mento necessário para iniciar a jornada que fez dela a sra. Klein, – a que se ombreia em importância com Sigmund Freud nos destinos da psicanálise como a praticamos nos dias de hoje.

Enfrentou perdas terríveis, cruzou armas com inimigos poderosos, protegeu com força inaudita o fruto do seu trabalho, mas nunca mais – ao que se saiba – voltou a ser colhida nas malhas mortíferas de uma "doença dos nervos".

O ENCONTRO COM A PSICANÁLISE

Variam as datas segundo a qual Melanie Klein teria seguido sua análise com Ferenczi. O intervalo mais citado vai de 1912 a 1918; sabe-se que naquela época a parceria analítica incluía sessões de análise e monitoria, assim não parece importante ou mesmo possível discriminar essas atividades.

O que tem ficado cada vez mais evidente, a partir da convivência com os textos de Klein e do aprofundamento da leitura de Ferenczi, é que tanto o pensamento teórico e a técnica que caracterizam a obra de Ferenczi quanto os fundamentos teóricos da escola kleiniana trazem as marcas das trocas conscientes e inconscientes que circularam entre eles durante sua convivência.

Os biógrafos de um e outro – e associo a esses dados a própria compreensão derivada da soma de informações alinhavadas a partir dos fragmentos da *Autobiografia* de

Melanie Klein — nos oferecem alguns traços de personalidade bastante próximos dessa brilhante dupla: assertividade, entusiasmo, curiosidade à flor da pele associada a criatividade excepcional e um comprometimento integral com seus propósitos.

No primeiro de seus fragmentos autobiográficos (Sayers & Forrester, 2013), referindo-se à sua análise com Ferenczi, Klein destaca que "logo se tornou claro que eu estava muito empenhada em compreender mais sobre a vida interna, *primeiro a dos meus próprios filhos*, e depois das crianças em geral"[4] (p. 129, grifo nosso).

Assim, ao iniciar o inventário de suas lembranças, ela acentua que os benefícios de sua análise logo se fizeram sentir no âmbito de sua vida familiar, ao atrair seu interesse para a vida interior de seus filhos.

Esse será um dos pontos de partida para a ampliação de seu entendimento, cada vez mais amplo, sobre a vida interior das crianças em geral.

Ao longo de sua obra, mas em particular nos primeiros artigos que escreveu sobre sua crescente compreensão das crianças, encontramos muitas ilustrações que somam registros de uma mãe encantada com a psicanálise e com a curiosidade (e atenta ao sofrimento) de seus pequenos.

Nada destaca tão bem esse entrelaçamento entre sua vida doméstica e profissional do que a leitura do artigo

---

4   "It soon became clear that I was very much drawn to understand more of the inner life, first of all of my own children, and then of children in general".

"O desenvolvimento de uma criança", publicado em 1921, uma vez que nele Melanie Klein reúne um vasto conjunto de informações sobre a primeira infância de seu filho Eric, e por meio de suas reflexões mostra também os primeiros passos da psicanalista que viria a ser.

Eric, seu caçula temporão, nasceu em Budapeste, em 1914, quando Melanie já estava bastante envolvida com a psicanálise. Há indícios de que no ano anterior já tivesse até colaborado com Ferenczi no registro de um caso clínico.[5]

---

5 Dos primeiros colaboradores de Freud, Ferenczi foi quem mais se interessou pelas crianças e pelas peculiaridades de sua psicologia. Disposto a ilustrar um curioso caso de neurose infantil, muito mais chocante na crueza de suas fantasias do que as descritas por Freud em "O pequeno Hans", Ferenczi publicou em 1913 "Um pequeno homem galo". Nele, descreve a obsessão do menino Arpad, de 5 anos, pelas aves do galinheiro – daí o título – e sua relação muito ambivalente com elas. Trata-se, como no caso de Hans, de sintomas da neurose infantil ligada à resolução do complexo de Édipo. No início do texto, Ferenczi esclarece: "uma antiga paciente, que em razão disso participava das investigações psicanalíticas, assinalou-me o caso de um menino que podia nos interessar" (Ferenczi, 1913/1992, p. 69). Mas, dadas as dificuldades com que se deparou no seu único encontro com a criança, teve de se "limitar a pedir a essa senhora, que se interessava pelo caso e podia, como vizinha e conhecida da família, observar a criança durante horas, que anotasse para mim as falas e os comportamentos significativos do pequeno Arpad" (Ferenczi, 1913/1992, p. 71). Uma análise minuciosa do texto, apontando para a antecipação de temas kleinianos, como a relação entre sadismo, culpa e remorso, somada a outras evidências circunstanciais, levou à hipótese de que seria Melanie Klein a mencionada senhora que não só chamou a atenção de Ferenczi para o caso como, na função de relatora, incluiu como parte dos "comportamentos significativos" o minucioso registro dos afetos ligados a eles.

O fato de o nascimento do bebê Eric ter acontecido durante o percurso de sua análise com Ferenczi talvez tenha sido um elemento fundamental para alguns de seus mais importantes achados sobre "o infantil", isto é, a descrição da economia psíquica no período que antecede o aparecimento do complexo de Édipo clássico, conforme postulado por Freud.

Sabemos que a maternidade, evento marcante na vida de uma mulher, torna-a mais permeável ao acesso de vivências arcaicas. Proponho que a convivência de Melanie Klein com um analista capaz de acolher e dar sentido à intensidade e à crueza dessas experiências primordiais da vida mental tenha contribuído, de modo radical, para sua imersão nas profundezas da vida interior da unidade mulher-mãe-bebê.

É bem provável mesmo que Ferenczi, dono de uma técnica impregnada de empatia natural, tenha oferecido o ambiente propício para que emergissem e fossem apreendidas essas vivências arcaicas, atualizadas na experiência visceral de gerar e ter bebês, observá-los e cuidar deles.

E ainda, não pareceria provável que a psicanálise com crianças tenha também suas raízes mais remotas no modelo criado desse encontro original mãe e bebê, apreendido analiticamente pela continência oferecida por Ferenczi?

Refletindo sobre esse assunto, Bleger (1993) propõe:

[é] como se tivesse sido necessário mergulhar em um magma para subtrair, destacar uma especificidade e fazê-lo de

Melanie Klein: autobiografia comentada

dentro, do próprio núcleo da questão, não a partir de fora.
... E, seguindo esse raciocínio, tentar pensar o que era inevitável e não mais fortuito nesse nascimento da psicanálise
infantil dentro da relação entre mãe e filho. (p. 72)

A MÃE QUE OBSERVA E APRENDE

Em 1955, no terceiro e último artigo que Melanie
Klein escreve sobre a técnica do brincar, relembra: "meu
primeiro paciente foi um menino de 5 anos de idade. Re-
feri-me a ele pelo nome de Fritz em meus primeiros artigos publicados" (Klein, 1955/1991, p. 150), e, mais adiante,
enfatiza que "a convicção obtida nesta análise influenciou
intensamente todo o curso do meu trabalho analítico"
(Klein, 1955/1991, p. 151).

Sabemos hoje que Eric, seu caçula, antes mesmo de
se tornar seu primeiro paciente, sob o nome fictício de
Fritz, ilustra os benefícios da educação informada pela
psicanálise no trabalho de admissão que sua mãe apresenta
à Sociedade Psicanalítica Húngara em 1919 com o título *O
romance familiar em* stadu nascendi (1920).

O texto destaca a importância de atender à curiosidade natural das crianças, esclarecendo-as com simpatia
e simplicidade sobre os fatos da vida, objeto primeiro das
suas investigações.

Essas medidas serão propiciadoras do desenvolvimento saudável e profiláticas contra inibições, estancamentos

e sofrimentos na infância, com suas conhecidas consequências neuróticas na vida adulta.

Explica a autora que a verdade dessas afirmações, obtidas "através da experiência e dos ensinamentos da psicanálise, foi confirmada de forma clara e irrefutável pelo desenvolvimento de uma criança com que tenho a oportunidade de manter um contato constante (Klein, 1921/1996, p. 23).

No decorrer do processo, entretanto, vai ficando claro que, se essa política educacional liberava a curiosidade da criança dos impedimentos de uma educação repressiva, a mente da criança, por si só, apresentava fortes tendências à repressão relacionada ao desenvolvimento do complexo de Édipo.

A descrição desse impasse e os caminhos experimentados para lidar com ele serão registrados no trabalho que Melanie Klein apresenta em 1921 na Sociedade Psicanalítica de Berlim.

E assim, dois anos depois, Eric, então apresentado como Fritz, ilustrará o primeiro caso de criança pequena analisada por Melanie Klein, uma decisão pioneira para a época, uma vez que se acreditava que a análise só se adaptava a crianças com mais de 6 anos de idade, isto é, no período da latência.

Klein justifica a antecipação de conduta convencida de que, para esse menino, dada a intensidade das angústias que acompanhavam o trabalho psíquico exigido pela con-

Melanie Klein: autobiografia comentada

figuração edípica, elas só poderiam ser aliviadas por meio do trabalho analítico.

O pequeno artigo apresentado em 1919 sobre os efeitos benéficos de uma educação esclarecida foi incorporado, com mudanças, ao artigo seguinte, escrito em 1921, sobre a emergência do complexo de Édipo, e ambos foram publicados no mesmo ano sob o título "O desenvolvimento de uma criança".

O texto final mantém as duas partes originais, certamente ampliadas e revistas, mas essa escolha, ao apresentar as observações sobre uma única criança, oferece a continuidade para o esboço de um modelo do desenvolvimento que incluía, pela primeira vez, a descrição da economia psíquica no período que antecede o aparecimento do complexo de Édipo.

Para uma pessoa interessada em aprofundar seu conhecimento sobre a obra de Melanie Klein, "O desenvolvimento de uma criança" é um documento precioso para ilustrar a tese de que a originalidade do pensamento kleiniano tem suas raízes mais profundas na experiência da maternidade a sustentar a apreensão dos conceitos psicanalíticos.

E, para referendar essa sugestão, trago, em primeiro lugar, uma vinheta da segunda parte de "O desenvolvimento de uma criança".

Durante uma conversa sobre "como são feitos os bebês", Fritz, muito interessado no processo, declara que "queria tanto ver como uma criança é feita lá dentro desse jeito" (Klein, 1921/1996, p. 55) e que, já que os bebês são feitos dentro de uma mamãe, ele também queria fazê-lo com a mamãe. Diante da explicação dessa impossibilidade e da promessa de que, quando crescer, ele vai "casar com uma moça bonita e ela vai ser sua mulher", Fritz pergunta (quase em lágrimas e com os lábios tremendo): "Mas a gente não vai morar na mesma casa com a mamãe?" (Klein, 1921/1996, p. 56). Depois de mais algumas afirmações consoladoras sobre o amor perene da mãe, embora não possa mesmo ser sua mulher, Fritz interessa-se por vários detalhes sobre os bebês dentro da mãe e a conversa segue animada, e no final ele comenta: "Mas uma vez só, eu queria ver como a criança entra e sai" (Klein, 1921/1996, p. 56).

E agora, a complementar o raciocínio, destaco uma passagem da *Autobiografia*, em que Klein comenta:

Ainda não consigo responder o que me fez sentir que era a ansiedade que eu deveria tocar e por que eu continuei nesse caminho, mas a experiência confirmou que eu estava certa, e, até certo ponto, o início da minha técnica de brincar remonta ao meu primeiro caso.

Meu interesse pela mente das crianças remonta a muito tempo atrás. Lembro-me de que, mesmo sendo uma criança de 8 ou 9 anos, me interessava em observar crianças mais novas, mas tudo isso ainda estava adormecido até se tornar vivo em meu trabalho psicanalítico. Ou melhor, tornou-se muito vivo em minhas relações com meus filhos. Talvez o fato de muitas ideias sobre educação não terem tido o efeito que eu visava, tenha contribuído para minha convicção de que havia algo mais profundo – o inconsciente, que precisará ser enfrentado, se alguém quiser provocar mudanças nas dificuldades das crianças. (ver p. 72)

Não é muito curiosa a simplicidade dessa afirmação, vinda da fundadora de uma escola psicanalítica em que que a intensidade e o tipo de ansiedade que permeiam o material clínico presidem o raciocínio clínico?

Não é como se ela dissesse: "Não sei como sei, aliás isso não importa muito, tenho certeza do que sei a respeito do meu menino, esse menino que carreguei no ventre, e que, desde sempre, fui aprendendo a reconhecer e a cujas mínimas expressões fui aprendendo a dar sentido. E, a partir desse ponto de partida, desse aprendizado tão íntimo, reconheço, sem hesitação, esses sinais em outras crianças e adultos"?

A mulher como psicanalista

Nos tópicos anteriores procurei sublinhar o entrelaçamento das bases da teoria e técnica kleinianas com as vivências arcaicas próprias da maternidade contidas e apreendidas no contexto particularmente receptivo do *setting* analítico oferecido por Ferenczi.

É de conhecimento empírico, presente em todas as culturas, que gravidez e maternidade decorrem em um clima afetivo particular e específico, com a gradativa introversão da mulher – um voltar-se para o seu interior e para o bebê que ali está se desenvolvendo (e para vivências profundamente inconscientes do bebê que ela mesma foi outrora).

De fato, há um clima de reverência e mistério em torno da mulher grávida, que se prolonga no período que se segue ao parto, quando o entorno – a matriz social – oferece proteção e cuidados à puérpera e ao bebê; outro reconhecimento da delicadeza do que se intui nas vivências de vinculação da dupla.

E, com sua habitual agudeza, Freud (1931/2018) pondera: "Tudo, no âmbito dessa primeira ligação com a mãe, pareceu-me bastante difícil de apreender analiticamente, bastante remoto, penumbroso, quase impossível de ser vivificado, como se tivesse sucumbido a uma repressão particularmente implacável" (p. 374).

Mas, no mesmo texto, esperançoso, acreditava que mulheres psicanalistas pudessem ir mais longe do que ele na pesquisa dessa configuração inaugural do psiquismo humano, uma vez que, diferentemente dele, teriam "o auxílio da transferência para um substituto materno adequado" (Freud, 1931/2018, p. 374)

E assim, mais uma vez, esse homem brilhante anteviu o desenrolar da história.

Como se pode acompanhar por uma pesquisa bibliográfica, desde os primórdios da psicanálise as mulheres analistas vêm oferecendo substancial contribuição para o

Melanie Klein: autobiografia comentada

mapeamento progressivo de áreas remotas, penumbrosas, ainda inexploradas da mente.

Melanie Klein, como expoente desse grupo, parece ter seguido uma trilha radical nessa investigação ao desenvolver uma teoria e técnica revolucionárias que entrelaçam suas próprias vivências arcaicas ligadas à maternidade com os conhecimentos psicanalíticos da sua época. O interesse em conhecer mais a respeito dessa origem tão particular do pensamento kleiniano sempre me acompanhou e recentemente se acentuou com a leitura das notas autobiográficas de Melanie Klein.

Mas, como observa Janet Sayers (1989),

> embora haja agora vários relatos do trabalho de Klein (por exemplo, Segal, 1973, 1979; Grosskurth, 1986), nenhum explora sistematicamente sua gênese a partir da experiência da maternidade, associada à experiência de transferência de seus analisandos – a analista no lugar de mãe. (p. 363)

Partindo dessa constatação, Sayers se propõe a buscar na própria obra de Klein os elementos que liguem a originalidade do pensamento kleiniano ao binômio maternidade/dinâmica transferencial redesenhada em torno da analista mãe e mulher.

Essa autora procede a uma minuciosa exegese dos trabalhos de Melanie Klein e se vale das abundantes vinhetas clínicas que integram esses textos para ilustrar seu ponto de vista, segundo o qual o desenho final que identifica a escola kleiniana nos seus temas centrais se desenvolve em torno da transferência materna (e tem como pano de fundo a função primordial da mulher). É um estudo interessantíssimo, uma vez que sistematiza vislumbres da presença do materno/feminino em textos há muito conhecidos por nós, enriquecendo sua apropriação e aumentando nosso respeito pela envergadura da obra de Klein.

Poderíamos afirmar agora que no soalho biológico de vivências profundas ligadas ao amplo espectro do exercício da maternidade foram se inscrevendo demandas transferenciais voltadas para o objeto materno, de tal modo insistentes e repetitivas que forneceram a Melanie Klein a convicção suficiente para apresentar suas inferências sob forma de hipóteses absolutamente inovadoras dentro da psicanálise; ponto de partida para uma complexa releitura da teoria e das técnicas psicanalíticas.

Melanie Klein enriqueceu a psicanálise freudiana ao oferecer uma leitura rigorosa sobre o feminino e o materno na sua integridade própria, e, ao discriminar a criança do "infantil", definiu esse último como o campo de pesquisa e de trabalho do psicanalista clínico.

E, para concluir, se a psicanálise nasceu no gabinete de um médico, pode-se dizer que a psicanálise da criança teve sua origem em vivências arcaicas, atualizadas na experiência visceral de gerar e ter bebês, observá-los e cuidar deles no ambiente da família no quarto das crianças.

Referências

Bleger, L. (1993). L'enfant dans la psychanalyse et la psychanalyse d'enfants, de Freud à Klein. In L. Bleger, *L'enfant et la psychanalyse*. Paris: Esquisses psychanalytiques/CFRP.

Ferenczi, S. (1992). O pequeno homem-galo. In S. Ferenczi, *Psicanálise II* (Obras completas de Sándor Ferenczi). São Paulo: Martins Fontes. (Trabalho original publicado em 1913).

Freud, S. (2018). Sobre a sexualidade feminina. In S. Freud, *O mal-estar na civilização e outros textos (1930-1936)*. São Paulo: Companhia das Letras. (Trabalho original publicado em 1931).

Klein, M. (1991). A técnica psicanalítica através do brincar: sua história e significado. In M. Klein, *Inveja e gratidão e outros trabalhos: 1946-1963* (Obras completas de Melanie Klein, vol. 3). Rio de Janeiro: Imago. (Trabalho original publicado em 1955).

Klein, M. (1996). O desenvolvimento de uma criança. In M. Klein, *Amor, culpa e reparação e outros trabalhos: 1921-1945* (Obras completas de Melanie Klein, vol. 1). Rio de Janeiro: Imago. (Trabalho original publicado em 1921).

Klein, M. (1920). Der Familienroman in statu nascendi. In *Internationale Zeitschrift für Psychoanalyse*, *6*(2), 151-155.

Sayers, J. (1989). Melanie Klein and mothering – a feminist perspective. *Int. R. Psycho-anal.*, *16*, 363-376.

Sayers, J., & Forrester, J. (2013). The Autobiography of Melanie Klein. *Psychoanalysis and History*, *15*(2), 127-163.

Szekacs-Weisz, J., & Rudnytsky, P. (2012). *Ferenczi for our time*. London: Karnac Books.

APÊNDICE

Algumas recordações pessoais sobre Melanie Klein[1]

JAMES GAMMILL[2]

Tradução: Paulo Sérgio de Souza Jr.

Melanie Klein foi a única pessoa genial com quem trabalhei de perto durante a minha formação psicanalítica. Apesar da relação calorosa e amistosa – que penso ter sido recíproca –, havia algo impressionante (*"awesome"*) no talento dessa figura genial que inspirava profundamente e ao mesmo tempo inibia, em certa medida, quanto ao valor daquilo que uma pessoa poderia pensar e escrever posteriormente. Pois, em seus lampejos de *insight* e de in-

---

1 A versão aqui traduzida é um capítulo do livro *A partir de Melanie Klein* (1998) de James Gammill, publicado na França por Césura Lyon Édition.

2 James Gammill (1925-2017), psicanalista, foi um dos introdutores do pensamento de Melanie Klein e de autores pós-kleinianos na França. De origem estadunidense, Gammill realizou sua formação em Londres entre 1950 e 1960 e estabeleceu residência definitiva em Paris em 1966. Foi analista didata da Sociedade Psicanalítica de Paris (SPP) e membro da Sociedade Britânica de Psicanálise (BPS).

tuição, frequentemente ela era capaz de dizer em duas ou três frases mais do que muitos analistas fariam num artigo inteiro. Ao mesmo tempo, nós nos sentíamos totalmente à vontade quando lhe apresentávamos material clínico. Ela escutava atentamente, com um interesse sempre vivo, mas fazia menos comentários e sugestões técnicas precisas do que eu esperava para um primeiro caso de supervisão de atendimento infantil.

Ela parecia cuidar, sobretudo, para que os temas principais e as emoções significativas fossem identificados e aprofundados, frisando que com um paciente de 3 anos muito comunicativo não era possível acompanhar completamente todo o material. Contudo, queria que retivéssemos e anotássemos o material com a maior quantidade possível de detalhes a fim de que o analista em formação pudesse sentir a complexidade extraordinária da vida psíquica nessa idade.

Ela considerava que vários analistas que trabalham apenas com adultos, caso tivessem se permitido trabalhar de maneira analítica com crianças pequenas, não teriam chegado a certas conclusões, por vezes demasiado simplificadas, sobre os cinco primeiros anos de vida. Por essa razão, no que se refere à psicanálise de crianças, no final dos anos 1950 ela só deu supervisões a análises com crianças pequenas, entre 2,5 e 5 anos – estimando poder, para essa faixa etária, oferecer ao candidato mais da experiência analítica que ela havia adquirido com o passar dos anos.

Certa vez ela me disse que apenas raríssimos analistas, extremamente talentosos, poderiam ter, sem essa experiência, captado a essência da sua obra, e que a maioria dos analistas não consegue compreender direito seu trabalho sem ter analisado ao menos uma criança pequena. Acrescentou, com certa amargura, que muitas críticas mal fundamentadas e pouco judiciosas da sua obra teriam sido modificadas se os autores tivessem se dado ao trabalho de passar pela experiência de analisar crianças utilizando a sua técnica, que visava favorecer toda a gama de possibilidades de que as crianças dispõem para comunicarem suas experiências emocionais – sobretudo em relação ao funcionamento do Eu, que varia muito no decorrer de uma análise, e até mesmo no decorrer de uma mesma sessão. Ela me aconselhou, por exemplo, a explicar a um paciente de 3 anos que ele havia sonhado quando disse: "Sr. Gammill, essa noite eu abri as cortinas e vi um assassinato lá dentro!"; e que a experiência do sonho, quando ele narrava e pensava nisso, ajudava no trabalho que estávamos fazendo juntos.

Como os senhores sabem, Melanie Klein tinha um grande cuidado em formular as interpretações e temia que formulações teóricas pudessem se imiscuir nelas demasiadamente. Certa vez, criticou uma interpretação que fiz – no estilo "uma parte de você... e outra parte de você..." –, indicando que o material sugeria, isso sim, que "às vezes você pode desejar isso e, outras, pode desejar aquilo"; que naquele momento se estava no âmbito da ambivalência, e interpretar ali na ordem da clivagem podia aumentar as tendências à clivagem. Não vou entrar aqui na discussão a respeito das suas ideias sobre a técnica da interpretação da clivagem, a qual é expressa de formas muito variadas, e sobre o fato de a sua interpretação comportar muitos elementos (como o *timing*, a escolha de palavras etc.) para favorecer ao máximo o processo gradual da integração e para minimizar a vivência de uma culpa demasiado precoce, as confusões entre "ruim" e "bom", as reações persecutórias etc. – assunto extremamente vasto.

Ela insistia quanto ao fato de que era preciso chegar a conhecer não somente o vocabulário específico de cada criança, mas também seu estilo pessoal de ser e de expressão de si mesma a fim de que as interpretações fossem formuladas com a maior chance possível de serem compreendidas e utilizadas.

Ela pensava que a criança tinha o direito de pedir que o analista desse os fundamentos (*"to give the evidence"*) da sua interpretação, se a "evidência" não parecesse clara à criança quando formulada pelo analista. Ou então, se algo estivesse bloqueando a compreensão[3] da criança, ela tinha o direito de que o analista tentasse mais uma vez fazer com que os dados da evidência fossem o mais claros pos-

---

3 Nota acrescentada ao texto original: Evidentemente, se uma situação de angústia estivesse bloqueando a compreensão, parecia-lhe necessário compreendê-la, interpretá-la e, com isso, possibilitar a compreensão, por parte da criança, da interpretação de base.

sível. Na época da minha supervisão com ela (1957-1959), cada vez mais se utilizava em Londres a vivência contratransferencial como uma das fontes de compreensão do material dos pacientes.

Em geral, Melanie Klein me parecia de acordo quanto a esse ponto,[4] mas frisava que essa fonte de prova deveria fazer com que o analista ficasse ainda mais vigilante, para desvendar ao paciente outras provas demonstráveis do tema ou dos sentimentos suscitados na contratransferência. Ademais, não lhe parecia suficiente que o paciente se sentisse compreendido; era desejável que ele captasse o que possibilitava essa compreensão. A sra. Klein nunca utilizou, na minha presença, a expressão "aliança de trabalho", mas creio que ela estava implícita em toda a sua atitude com relação à técnica.

---

4 Contudo, em sua carta de 28 de setembro de 1982, a srta. Betty Joseph disse: "Adoro, de verdade, seu artigo sobre Melanie Klein e gostaria apenas de fazer um comentário a propósito do conteúdo. Penso que seria preciso atentar para a forma como se descreve a posição de Melanie Klein com relação ao uso da contratransferência, pois acredito que ela pensava que um punhado de pessoas utilizava esse termo para recobrir uma não compreensão, por parte do analista, das suas próprias dificuldades; ou então chamava a mera intuição sensível de 'contratransferência'. Suspeito que ela não apreciava, então, o uso desse termo, e sempre me pergunto o que ela pensaria da nossa utilização mais livre do termo, ligado à identificação projetiva". Nesse sentido, Melanie Klein me falou de uma jovem solteira cuja dificuldade era que a criança em análise se enfiava, com frequência, entre seus joelhos. Por fim, a situação ficou clara numa sessão de supervisão quando, espontaneamente, a jovem disse: "Oh, sra. Klein, ele é tão adorável que eu gostaria que fosse meu filho!"

Contudo receio enfadá-los com tantos aspectos que os senhores já conhecem ou de que já ouviram falar com relação à sra. Klein. Logo, pode ser que um apanhado dos juízos mais pessoais da sra. Klein – ou, talvez, até mesmo dos seus juízos prévios – a propósito da psicanálise e de personalidades psicanalíticas interessaria mais aos senhores. Assim, terão quiçá um apanhado do seu ponto de vista sobre a ética psicanalítica e a história do movimento psicanalítico.

Não sei em que medida minha experiência com ela foi típica. Quando apresentei minha candidatura para formação, em 1952, era excepcional que um americano vislumbrasse uma formação no grupo de Melanie Klein em Londres.

Na entrevista que aconteceu para examinar meu pedido de supervisão com ela (dois anos depois de ter começado com casos de adultos), ela se mostrou interessada em saber como eu havia chegado a conhecer sua obra e qual havia sido, nos Estados Unidos, a reação a essa decisão.

Resumo minha resposta à segunda pergunta: no decorrer do verão de 1951 eu estava trabalhando no hospital psiquiátrico de Topeka (Kansas), sob a direção do doutor Karl Menninger.[5] Quando falei a ele do meu projeto de

---

5 Membro da família Menninger – que, contando com vários psiquiatras, foi responsável pela fundação da Menninger Foundation e da Member Clinic em Topeka (Kansas) –, Karl Augustus Menninger (1893-1990) estudou medicina nas universidades de Washburn, Indiana, Wisconsin-Madison e na

fazer uma formação no grupo kleiniano do Instituto de Londres, sua reação foi imediata: "Depois nunca mais você vai ser aceito na psicanálise americana. É melhor não!"

Nesse momento, a sra. Klein sorriu tristemente, erguendo os ombros e dizendo:

Ah, acho que Menninger se formou em Chicago; talvez até tenha feito análise com Franz Alexander.[6] Quando eu estava em Berlim, Franz era um dos analistas mais talentosos por lá. Mas era preciso que estivesse rodeado de colegas de nível parecido para discutir com ele e mantê-lo com rédeas curtas. Duas coisas parecem ter lhe subido à cabeça. Primeiro, ter sido mencionado duas ou três vezes – e com elogios – em escritos de Freud. Segundo, ter sido nomeado diretor do Instituto de Chicago. Ele parece, como analista, ter sido arruinado pelo sucesso em demasia na América, onde foi idolatrado nos anos 1930. Devo admitir também que certamente não apreciei em nada a referência que ele

---

Escola de Medicina de Harvard, especializando-se em neurologia e psiquiatria e construindo, graças à sua obra escrita, uma reputação internacional. [N.T.]

6 Nascido na cidade de Budapeste (Hungria), Ferenc Gábor Alexander (1891-1964) é considerado, por muitos, o pai da medicina psicossomática, graças ao seu pioneirismo na identificação da tensão emocional como causa significativa de patologias físicas. Após formar-se e atuar no Instituto Psicanalítico de Berlim, seu sucesso na aplicação de princípios psicanalíticos ao estudo e ao diagnóstico no ramo da criminologia lhe rendeu o convite para se mudar para os Estados Unidos, em 1930, onde passou a lecionar numa cadeira de psicanálise criada para ele na Universidade de Chicago. [N.T.]

Melanie Klein: autobiografia comentada

fez à minha técnica "tia boazinha" na crítica que escreveu a propósito do meu livro, *A psicanálise de crianças*.[7]

Tive a impressão de que a sra. Klein havia esperado uma crítica mais favorável da parte de Alexander. Na verdade, esta me pareceu mais positiva que negativa, a despeito de uma falta de compreensão de certos aspectos do seu pensamento, como testemunha a nota 7. E, na página 151 desse mesmo artigo do *Quarterly*, podemos nos perguntar se Alexander não desloca para Melanie Klein certos aspectos da sua discordância das últimas ideias de Freud sobre o supereu. Uma atitude favorável e um apoio significativo de sua parte teriam facilitado uma aceitação do desenvolvimento kleiniano – no campo da psicanálise com crianças, em todo caso – pela psicanálise americana, pois esta, antes da grande emigração de psicanalistas vienenses que começou em 1938, contava com muito poucos psicanalistas de crianças.

Todavia, Melanie Klein continuava tendo esperanças, pois falou de forma muito positiva do doutor Maxwell

---

7   Na *Psychoanalytic Quarterly*, vol. 2, 1993, p. 149, Alexander escreveu: "quando o sentido da brincadeira é compreendido corretamente e transmitido, em seguida, à criança na sua linguagem própria, a angústia da criança diminui pelo fato de as crianças conceberem imediatamente que essas interpretações, que lhes são dadas num tom de voz neutro por uma 'tia boazinha', são 'permissões'. Com isso a ab-reação encontra espaço na brincadeira – como também sustenta Melanie Klein –, a qual se torna, então, a base das sublimações ulteriores" (tradução nossa).

Gitelson,[8] bem como do Instituto e da Sociedade de Chicago, com o qual ela havia se encontrado – talvez no Congresso de Paris de 1957, algumas semanas antes, ou quando de um congresso anterior. Ela estava contente com o fato de que, como presidente da IPA, ele se preocupava com o desenvolvimento da análise com crianças nos Estados Unidos e no mundo, e de que ele manifestava respeito por sua obra. Ela considerava também que os artigos e as observações do doutor Gitelson nas discussões nos congressos eram sempre interessantes e profundos, marcados por um interesse autêntico por seus pacientes, ainda que ela nem sempre estivesse de acordo com o ponto de vista dele.

A sra. Klein considerava importante que o presidente da IPA e os das sociedades constituintes sejam psicanalistas que têm uma profunda identificação (*"deep feeling"*) com a psicanálise e que se distinguem por seus trabalhos clínicos e científicos. Entre outras razões, insistia na importância que isso tinha, para os candidatos e membros mais jovens, como representação de um ideal para a psicanálise. A esse

---

8 Nascido na cidade de Vitebsk, hoje parte da República da Belarus, Maxwell Gitelson (1902-1965) imigrou para os Estados Unidos aos 6 anos de idade. Estudou medicina na Universidade de Syracuse, fazendo sua residência no Instituto Psiquiátrico de Nova York e atuando, em Chicago, no Instituto de Pesquisas Juvenis e no serviço de psiquiatria do Hospital Michael Reese. Fez sua formação em psicanálise na Associação Psicanalítica Americana (APsaA), instituição que viria a presidir entre 1949 e 1956. Foi tesoureiro e vice-presidente da Associação Psicanalítica Internacional (IPA), chegando a presidi-la de 1961 até sua morte. [N.T.]

Melanie Klein: autobiografia comentada

propósito, nutria grande estima pelo doutor Ernest Jones, *o presidente por excelência*. Jones morreu na época da minha supervisão com a sra. Klein. Ela me falou dele em termos muito emotivos; era evidente que sua morte a afetava muito profundamente. Ela havia apreciado bastante seu apoio e seus encorajamentos ao trabalho dela. Evocou o Congresso de 1920 (ou talvez o de 1922 em Berlim, pois o primeiro artigo de Melanie Klein publicado em inglês saiu no vol. IV do *International Journal of Psycho-Analysis* em 1923), no decorrer do qual ele lhe pediu que confiasse seu primeiro artigo ao "periódico dele": o *International Journal of Psycho-Analysis*. No entanto, em sua evocação bastante longa de Jones, ela mencionou uma situação em que ele quis ser generoso demais:[9] a sra. Klein admitia suas dificuldades para escrever coisas complexas de forma clara e para ter um bom estilo literário, como o de Freud. Mas, quando Jones, certa vez, lhe ofereceu reescrever um de seus artigos dos anos 1930, a fim de que seu pensamento fosse exposto mais claramente ao leitor, ela o agradeceu mas recusou educadamente, dizendo: "Seria claro, mas já não seria eu" (isso dito com um bom humor afetuoso, mas também com firmeza).

Minha supervisão com a sra. Klein acontecia às quintas-feiras à tarde, logo depois do seu período de repouso. Quando o dia estava bonito, eu frequentemente a encon-

---

9 A omissão da palavra "demais", na primeira publicação desse artigo em *Melanie Klein aujourd'hui* (1985), alterava o sentido da frase.

trava no jardim em frente à casa. Certo dia ela me falou de uma conversa interessante que teve "com uma jovem encantadora que é minha vizinha e que faz uma formação em psicanálise". No decorrer da conversa, a sra. Klein lhe perguntou – anos depois fiquei sabendo se tratar de Dinora Pines[10] – a qual grupo ela pertencia. Recebendo a resposta de que a jovem era freudiana, a sra. Klein lhe disse então: "Eu também sou freudiana, mas não *Anna-freudiana*". Comentou, com certa amargura, que foi Anna Freud quem atacou primeiro as opiniões dela em seu livro de 1926, enquanto no mundo inteiro era ela quem vinha sendo repreendida por ter inaugurado as críticas quando do Simpósio em Londres, em 1927 (Klein, 1927/1976), dedicado à discussão do livro de Anna Freud. Ela me falou somente uma vez de uma rivalidade implícita com a srta. Freud, dizendo que era uma pena uma determinada pessoa (que ela nomeou) do Grupo de Anna Freud – uma pessoa que a sra. Klein considerava inteligente e talentosa para a análise – não ter sido encorajada a se tornar analista didata. No grupo dela, ao contrário, a sra. Klein consi-

---

10 Nascida na cidade de Lutsk, hoje parte da Ucrânia, Dinora Pines (1918-2002) formou-se em medicina e, antes de fazer sua formação em psicanálise, trabalhou como clínica geral e dermatologista – experiência hospitalar que lhe rendeu o encontro com Hilda Abraham (filha de Karl Abraham), com quem manteve discussões clínicas. Conhecida por seus trabalhos com sobreviventes do Holocausto, bem como por suas pesquisas sobre problemas de pele, adolescência e sobre a relação das mulheres com o próprio corpo, Pines atuou como analista didata na Sociedade Britânica de Psicanálise. [N.T.]

Melanie Klein: autobiografia comentada

derava se esforçar por identificar o talento analítico e por encorajar os analistas promissores a desenvolverem seus dons e a assumirem as responsabilidades correspondentes na transmissão da psicanálise.

A sra. Klein insistia bastante na habilidade de respeitar as pessoas íntegras pessoal e cientificamente, mesmo que ou especialmente se as opiniões delas fossem diferentes, dizendo, com um sorriso: "Talvez porque eu saiba bem demais o quanto é difícil, pelo fato de eu mesma ter sido tomada por sentimentos apaixonados e, em determinados momentos, ter precisado de apoios incondicionais". Quando da última conversa privada que tive com ela – tomando um chá no Hotel Connaught, em Londres, em junho de 1959 –, ela indicou que um de seus "simpatizantes" incondicionais havia criado, no passado, dificuldades inúteis com outros grupos. Melanie Klein falou com admiração – de maneira afetuosa, até, eu diria – da sra. Marianne Kris[11] (a esposa de Ernest Kris era uma analista de crianças muito conhecida da Escola de Viena, tendo emigrado para os Estados Unidos depois de passar um tempo em Lon-

---

11 Nascida em Viena (Áustria), Marianne Kris-Rie (1900-1980) faleceu em Londres. Fez sua formação psicanalítica em Berlim, com Franz Alexander, e tornou-se membro da Sociedade Psicanalítica de Viena – colaborando com Anna Freud, que era também sua amiga. Integrando também a Sociedade Britânica de Psicanálise, a Sociedade Psicanalítica de Nova York e o Instituto Western New England de Psicanálise, atuou principalmente no campo da psicanálise com crianças. Faleceu na casa de Anna Freud, onde estava em razão do II Seminário Internacional da Clínica Hampstead. [N.T.]

dres), que ela via de tempos em tempos – quando Marianne Kris voltava para Londres ou quando de congressos no continente, após a guerra. Para ela, a sra. Kris, ainda que tendo opiniões conformes à Escola de Viena sobre a psicanálise com crianças, era "uma grande dama, de uma grande distinção, e profundamente dedicada à psicanálise".

"Dedicado autêntica e profundamente à psicanálise" parecia ser, para Melanie Klein, o critério mais essencial para julgar seus colegas. Ela me dizia com insistência que era uma perda de tempo discutir ou debater sua obra com analistas que não possuíssem essa qualidade fundamental. Compreendendo de forma analítica a tendência universal à idealização, ela podia ser amarga e cintilante em suas observações a propósito de analistas que, num primeiro momento, haviam sido extremamente positivos em relação à sua obra, e mais tarde a rejeitaram, atacando-a, "frequentemente sem nunca terem tentado aplicar a minha técnica, com a quantidade necessária de sessões, e sem terem procurado a análise pessoal ou a supervisão necessárias para compreender verdadeiramente a natureza do meu trabalho, particularmente com crianças".

Talvez ela achasse que a pretensão e a superficialidade fossem os traços de caráter humanos mais difíceis de suportar. Certa vez, no dia seguinte a uma reunião da Sociedade Britânica na qual o dr. Bion havia falado, ela disse:

O que é que ela [uma determinada analista] estava querendo dizer, então, quando afirmou que compreendia perfeitamente o que o dr. Bion queria comunicar na conferência dele? Frequentemente tenho de reler várias vezes o texto das conferências do dr. Bion antes de começar a captar alguma coisa daquilo que ele tem a dizer. Tenho a impressão de que ele trabalha com algo novo em psicanálise, mas *não tem serventia alguma* fingir que é fácil e evidente.

Muitas coisas que ela me dizia, que transmitiam certas atitudes fundamentais, encontram-se no livro de Hanna Segal, *As ideias de Melanie Klein* (1979/1982). Logo, não é necessário repetir.

Na época dessa supervisão eu estava lendo as cartas para Fliess, e salientei para a sra. Klein que, na carta nº 70, Freud (1950) havia atrelado a origem da sua neurose a uma imagem materna (a babá), parecendo-me que os aspectos de clivagem e de deslocamento com relação à sua própria mãe eram evidentes. Ela comentou que isso era muito interessante, mas que Freud não poderia ter tirado proveito disso na elaboração da teoria psicanalítica:

Talvez por ele ter necessitado tanto sentir que havia sido o preferido adorado de sua mãe para ter coragem de realizar sua obra. E também a mãe dele morreu só em 1931, de modo que o trabalho de luto não se impôs a ele como quando seu pai morreu. Ideias de grande valor e altamente aproveitáveis vêm de tempos em tempos à mente de analistas de talento, mas muito lhes custa elaborá-las e verificá-las neles mesmos, e com um número de pacientes suficiente, para confirmá-las e conferir a elas seu peso próprio no conjunto da teoria psicanalítica... Helene Deutsch[12] era uma analista extremamente talentosa e esteve bem perto de descobrir várias coisas que eu elaborei. Acho que ela foi prejudicada pela falta de experiência em análise com crianças, e também zelou demais pela lealdade a Freud e a suas teorias para fazer o avanço necessário.

Na discussão de um material tocante à diferença entre "objeto externo" e "objeto interno", a sra. Klein evocou a única conversa privada que teve com Freud, que ela já havia visto e ouvido em congressos internacionais. Na época em que o encontrou, no início dos anos 1920, os analistas que desejassem ver Freud tinham de passar por Otto Rank, que marcava os encontros para Freud. Ela falou com Freud sobretudo a respeito do seu trabalho com crianças e desapontou-se com o fato de ele não parecer muito interessado no que ela dizia, e com o fato de que os raros comentários que ele fez não lhe pareceram muito pertinentes, nem esclarecedores. Como que para desculpá-lo, ela acrescentou que hoje em dia, quando analistas vêm de outros países para vê-la, às vezes ela está cansa-

---

12 Nascida na cidade de Przemysla, na atual Polônia, Helene Deutsch (1884-1982) foi uma das mais proeminentes psicanalistas de sua época. Formada em medicina pela Universidade de Viena, foi a primeira mulher a dirigir a Sociedade Psicanalítica de Viena e contribuiu significativamente no campo dos estudos sobre o feminino. [N.T.]

da ou preocupada e que, talvez, eles fossem embora com uma impressão não muito viva e positiva em relação a ela. O que ela salientava é que o Freud que ela conheceu por ter lido e ouvido (o homem genial) não correspondia muito bem ao Freud que ela havia tido diante de si. Tive a impressão (mas isso é análise selvagem) de que ela tinha esperado algum entusiasmo e encorajamento, como havia recebido de Abraham.

A sra. Phyllis Grosskurth, que está trabalhando numa biografia da sra. Klein,[13] me escreveu (em 7 de agosto de 1982): "Penso ser muito interessante observar que, nas notas autobiográficas da sra. Klein, não há nenhuma referência a um encontro com Freud. Efetivamente, ela omitiu quase tudo o que a entristecia, exatamente como fez Ruskin em *Praeterita*".[14] Mas sua atitude fundamental de apreciação e de reconhecimento de Freud não foi diminuída em nada por essa decepção, como testemunha seu prefácio em *A psicanálise de crianças* (1932/1959). Ademais, num outro contexto, ela me disse: "Antes da morte de Freud, meu trabalho e minha obra foram criticados com

---

13 Publicada posteriormente (Grosskurth, 1986/1990). Esse livro contém uma documentação interessante graças sobretudo aos elementos fornecidos por Eric, filho de Melanie Klein, e por diversos membros da Sociedade Britânica de Psicanálise. Infelizmente, nele a autora pratica bastante a "análise selvagem" de Melanie Klein. Aliás, achei que algumas das coisas que eu disse e que uma parte do material escrito que eu forneci a ela foram deturpadas.

14 Trata-se da autobiografia do escritor inglês John Ruskin (1819-1900), publicada entre 1885 e 1889. [N.T.]

frequência, mas de forma decente e digna. *Depois, foi diferente*". Ela admirava enormemente a coragem dele e se deleitava com a evocação da última carta de Freud (Jones, 1957/1969) a respeito dos analistas não médicos, pois ela também sabia ser mordaz e cortante quando outros colocavam em questão os princípios que ela considerava fundamentais.

Não tenho a impressão de que a opinião da sra. Klein a propósito de seus colegas de Berlim fosse sempre[15] tão negativa quanto relatado no livro *As ideias de Melanie Klein* de Hanna Segal (1979/1982). Ao discutir as dificuldades que podem sobrevir na relação com os pais de crianças em análise, ela mencionou que vários colegas em Berlim haviam expressado a preocupação de que seu trabalho em Londres, no início, seria quase que exclusivamente a análise de filhos de colegas analistas de Londres, dizendo: "Você sabe, Melanie, que é quase certo que vai ter dificuldades na Sociedade Britânica com os analistas cujos filhos analisa. Talvez devesse ficar em Berlim". A sra. Klein comentou:

> Na verdade, não houve dificuldades significativas. Se você aceita plenamente a transferência e trabalha inclusive com a transferência negativa nas crianças; se você nutre, com

---

15 Sobre alguns assuntos a sra. Klein, de tempos em tempos, dava diferentes matizes a certas lembranças, sobretudo quando se tratava de decepções. Durante o período do luto de Jones (e tudo da psicanálise que ele representava), parece-me que ela se esforçava para ser o mais justa possível.

relação aos pais, uma respeitosa e autêntica simpatia porque eles têm filhos em dificuldade; se você não espera que
eles lhe sejam gratos, levando em conta, ao mesmo tempo,
mas sem analisá-las, as reações de transferência dos pais,
habitualmente as coisas se passam razoavelmente bem.
Na realidade, as dificuldades com meus colegas começaram pelas reações de alguns à parte teórica de *A psicanálise de crianças*, e mais particularmente ao meu artigo "Uma
contribuição à psicogênese dos estados maníaco-depressivos" (1935/1976). Mas, tirante um desentendimento com
Glover,[16] o conflito situou-se num bom nível que anima-
va a discussão em meados dos anos 1930. Jones trouxe os
Waelder[17] de Viena em 1936, creio eu, e ele mesmo, junto com a sra. Riviere, foi falar na Sociedade de Viena. As
coisas ficaram impossíveis em razão de conflitos excessivos

---

16 Nascido na cidade de Lesmahagow (Escócia), Edward George Glover (1888-
1972) estudou medicina na Universidade de Glasgow, trabalhando em Glasgow e em Londres como pediatra, cirurgião e pneumologista. Fez análise
com Karl Abraham, em Berlim, e tornou-se membro da Sociedade Britânica de Psicanálise. Nos anos 1930 e 1940, antagonizou virulentamente Melanie Klein e suas teorias, aliando-se com Melitta Schmideberg – analisante
sua e filha de Klein – e Anna Freud, na tentativa de acabar com a influência
kleiniana na Sociedade. As controvérsias só começaram a diminuir quando
Glover deixou a instituição, em 1944. Como Schmideberg, Glover tinha
como interesses privilegiados a delinquência e a criminologia, participando
da fundação do Instituto para Estudo e Tratamento da Delinquência, do
British Journal of Criminology, da Clínica Portman e da Sociedade Britânica
de Criminologia. [N.T.]

17 Trata-se dos psicanalistas Jenny Waelder-Hall (1898-1989) e Robert Waelder
(1900-1967), então casados. [N.T.]

a partir de 1938, quando a nossa pequena Sociedade teve de absorver um número enorme de analistas vienenses em pouquíssimo tempo. Evidentemente, eles tinham as tradições deles, que eram diferentes das da Sociedade Britânica; e os vienenses estavam absolutamente convencidos de possuírem a única compreensão verdadeira da obra de Freud. A meu ver, não se pode reduzir o fruto da genialidade de Freud a um dogma clássico!

Pensando em um futuro bastante próximo, a sra. Klein comentou certo dia que ela considerava que a principal tarefa da pesquisa psicanalítica era chegar a uma melhor compreensão de diversos mecanismos da clivagem (algo de que sua obra era apenas o início), bem como dos laços entre a clivagem e os outros mecanismos de defesa primitivos com os mecanismos de defesa subsequentes, como o recalque e o deslocamento (esse comentário foi publicado de forma abreviada nas minhas reflexões críticas sobre o livro de Donald Meltzer, *O processo psicanalítico* (1971/1967), publicadas na *Revue Française de Psychanalyse*, vol. XXXIV, 1970, pp. 168-171).

Certa vez a sra. Klein me disse:

Graças a Deus, dr. Gammill, o senhor não interpretou inveja nesse material, pois não havia nada que dissesse respeito a isso. Essa semana toda teve gente que me trouxe material e interpretou a inveja, quando não havia nenhuma prova clínica para tanto. O senhor sabe, *não sei se a minha*

obra vai ser destruída pelos meus partidários mais fervorosos ou pe-
los meus piores inimigos! Aconteceu o mesmo toda vez que
escrevi um artigo importante, trazendo conceitos novos.
Alguns romperam comigo por causa desse novo conceito;
outros quiseram acreditar que esse novo conceito trataria
e explicaria tudo.

Nunca vi a sra. Klein parecer tão aflita e pessimista
quanto nessa irrupção emocional.

A sra. Klein me parecia atormentada por dúvidas com
relação à redação do caso Richard (1961/1973), publicado
em francês com o título *Psychanalyse d'un enfant.* Para re-
sumir: acaso seria possível transmitir, de forma escrita, a
imagem suficientemente clara das sessões? Deveria ser publicado para um público mais amplo ou mimeografado e
distribuído para que fosse estudado por aqueles que eram
familiares à sua técnica e à sua teoria, e que então intui-
riam o que inevitavelmente faltaria em um relato escrito? Essa dúvida que ela havia expressado verbalmente não
aparece, curiosamente, na versão publicada, onde ela afirma que esse tratamento é típico de sua técnica, ainda que a
dúvida ressurja em algumas notas a respeito do *setting* não
ortodoxo e em certas observações que tratam da duração
breve fixada de antemão para a análise (cf. a segunda parte
de *O desenvolvimento kleiniano*, de Donald Meltzer (1978).
Deve-se, nessa ocasião, mencionar que a edição francesa
de *Narrative* (*Psychanalyse d'un enfant*) – traduzida em bom
francês, como um todo, de um ponto de vista literário –

contém um grande número de erros graves, contrassensos, omissões de parágrafos e frases, de modo que é indispensável ao leitor francês ter à mão o texto inglês.

A sra. Klein inquietou-se bastante, quando foi convidada a ministrar uma conferência na Universidade de Manchester, quanto a saber se conseguiria transmitir para um público mais geral, numa única conferência, o resumo da sua obra. Sentiu-se muito honrada com o convite da Universidade, pois sempre havia se preocupado, desde seu primeiro artigo, com aplicações possíveis da psicanálise à educação infantil e a toda a extensão da experiência da vida. Essas preocupações transparecem especialmente no artigo "O desmame" (1936/1975), e também em "Amor, ódio e reparação", apresentado na forma de conferências com Joan Riviere e publicado em livro (1937/1968). Esse livro, junto com a conferência ministrada em 1959 na Universidade de Manchester — intitulada "Nosso mundo adulto e suas raízes na infância" (1959/1968) — e a conferência publicada em *Psiquiatria da criança* — "A técnica psicanalítica através do brincar: sua história e significado" (1955/1981) — são os três artigos "pedras angulares" que eu recomendo aos candidatos iniciantes e às pessoas leigas (ou sem cultura psicanalítica) que desejam adquirir uma visão global da obra kleiniana.

O artigo sobre a história e a significação da técnica psicanalítica do brincar é de importância capital para apreender, de forma panorâmica, a evolução da teoria em sua interação com a sua experiência clínica da psicanálise com crianças. Melanie Klein frisou diversas vezes que todas as suas descobertas vieram da psicanálise com crianças, ainda que a experiência com os adultos tendesse a confirmar, matizar e enriquecer suas descobertas fundamentais.

Melanie Klein também levava a sério a qualidade das comunicações e da literatura psicanalíticas. Certo dia ela disse:

> Como perdemos tempo ontem à noite! A conferência de Z... não continha absolutamente nada de novo – ainda que ele o alegue –, nada além de velharia disfarçada de novidade. É claro que sua comunicação poderia ter serventia num seminário para os candidatos, se ele se mostrasse menos pretensioso.

Ela se queixou amargamente, certa vez, de ter sido criticada por não ter citado Freud num artigo, insistindo no fato de que qualquer um que tivesse lido seriamente sua obra se daria conta do reconhecimento que ela dá a Freud, a Abraham e a outros; e que deveria ser evidente o fato de que os analistas conhecem a obra de Freud, de modo que não se tenha de citá-lo constantemente: "Caso contrário, nada de novo pode ser apresentado ou desenvolvido no âmbito forçosamente limitado de uma apresentação na Sociedade ou de um artigo numa revista".

Como frisa a dra. Segal, a sra. Klein assistiu regularmente a todos os congressos internacionais, do fim da Primeira Guerra Mundial até a sua morte. Comecei minha supervisão em setembro de 1957, pouco depois do Congresso de Paris de 1957. Ela apreciava muito as discussões que ocorriam nesses congressos e havia achado a contribuição de Phyllis Greenacre[18] na mesa-redonda muito interessante. Também havia muitos pontos que poderiam ser ligados à sua própria obra, e ela ainda estava irritada e desapontada por não terem lhe cedido o tempo de discutir esse trabalho de Phyllis Greenacre.

Por outro lado, ela estava contente com esse Congresso de Paris, pensando que a contribuição de Pierre Marty[19] trazia elementos suplementares interessantes sobre o tema da identificação projetiva nos distúrbios psicossomáticos. Ademais, a hospitalidade oferecida à sra. Esther Bick[20] e a

---

18 Nascida em Chicago (Estados Unidos), Phyllis Greenacre (1894-1989) graduou-se pela Universidade de Chicago e pela Escola de Medicina da Universidade de Rush. Médica psiquiatra, lecionou na Escola de Medicina da Universidade de Cornell e integrou o corpo docente do Instituto Psicanalítico de Nova York, do qual foi presidente entre 1948 e 1950. Presidiu também a Sociedade Psicanalítica de Nova York (1956-1957), e também foi vice-presidente da Associação Psicanalítica Internacional. [N.T.]

19 Nascido em Saint-Céré (França), Pierre Marty (1918-1993) foi um psiquiatra e psicanalista conhecido, em especial, por sua contribuição ao campo da psicossomática. Foi membro da Sociedade Psicanalítica de Paris, da qual foi vice-presidente e presidente, e participou da fundação da Escola de Psicossomática de Paris e do Instituto de Psicossomática de Paris. [N.T.]

20 Nascida na Polônia, Esther Bick (1901-1983) estudou medicina na cidade de Viena e, após a anexação da Áustria, mudou-se para Londres – onde estudou com Melanie Klein; analisou-se com Michael Balint e, posteriormente, com a própria Klein, trabalhando sobretudo no âmbito da clínica com crianças. [N.T.]

ela lhe foi de grande agrado; em particular o convite do Instituto Claparède.

Todavia ela tinha certa nostalgia do passado; do Congresso de Genebra, em 1955, onde havia apresentado a comunicação preliminar que foi desenvolvida no livro *Inveja e gratidão* (1957/1968), porém mais ainda do Congresso de Paris de 1938. Estava particularmente feliz com a recepção obtida pelo seu artigo "O luto e suas relações com os estados maníaco-depressivos" (1940/1967). Isso a encorajava a pensar que haveria uma aceitação internacional mais ampla de sua obra. Porém, não possuindo um senso político muito desenvolvido, não se deu conta de que a grande autonomia adquirida pela Associação Psicanalítica Americana em relação à IPA — muito enfraquecida nesse congresso —, conjugada à imigração dos analistas vienenses para os Estados Unidos — onde ocupavam papéis dominantes —, tornava pouco provável, por ora, uma consideração séria de sua obra nos Estados Unidos.[21]

Em contrapartida, creio que seria para ela uma surpresa muito agradável o fato de sua obra ter sido leva-

---

21 Yves Hendrick, de Boston (analista americano que se formou em Berlim), escreveu no mesmo número de janeiro de 1933 do *The Psycho-analytic Quarterly*, p. 69: "Creio que o uso demasiadamente amplo feito por Melanie Klein dos termos 'complexo de Édipo' e 'supereu' explica certo atraso na plena apreciação que sua obra merece". A lista de redatores dessa revista americana continha, na época, uma porcentagem grande de analistas formados em Berlim. Mais tarde o quadro vai mudar e o lamento pelo atraso desaparece quase por completo.

da a sério na França, graças, em grande parte, à tradução
de quase toda ela no decorrer dos anos 1960, para a qual
contribuíram os membros dessas duas Sociedades,[22] que se
reuniram nessa ocasião; assim como ficaria feliz em saber
da ocorrência dessa reunião e em apreciar a qualidade das
presentes contribuições científicas.[23]

Parece-me importante enfatizar a abertura de espírito da sra. Klein para responder às perguntas dos candidatos, e a disponibilidade para repensar os problemas
teóricos, deixando claro que uma teorização provisória
implicaria a necessidade de um trabalho sério para chegar
a conclusões válidas. Perguntei a ela, certa vez, se considerava que a falta de gratificação dos desejos libidinais
(independentemente das reações agressivas consequentes
à frustração) deveria ser inteiramente excluída como possibilidade de gerar angústia. Ela permaneceu em silêncio
bastante tempo, com uma expressão extraordinária nos
olhos – como quem olha profundamente para dentro de
si. Por fim, disse:

---

22 Sociedade Psicanalítica de Paris e Associação Psicanalítica da França.

23 Trata-se do evento em homenagem ao centenário de nascimento de Klein,
ocorrido em Paris em 27 de novembro de 1982, ao qual foi destinado o presente texto de Gammill. O evento, organizado pelas duas sociedades men-
cionadas, contou com contribuições de Didier Anzieu, André Green, Flo-
rence Guignard, Victor Smirnoff e outros. Os textos desse encontro foram
publicados no livro *Melanie Klein Aujourd'hui*, Césura Lyon Édition, 1985.
[N.E.]

Melanie Klein: autobiografia comentada

Não sei;[24] afinal, toda angústia é um problema tão complicado. Certamente mantenho as minhas opiniões no que se refere à agressão e à pulsão de morte. Todavia nunca repensei a teoria da libido em função da identificação projetiva normal da pulsão de vida e das partes boas do *self*. Se,

---

24 Com relação às atitudes fundamentais da sra. Klein com relação à psicanálise, cito o doutor Clifford Scott (1975), que se tornou membro do "Middle Group" (compreendendo, entre outros, W. H. Gillespie, D. W. Winnicott, M. Balint, M. Milner – depois da reorganização do Instituto de Londres, por volta do final dos anos 1940), conservando boas relações com a sra. Klein: "Naturalmente minha curiosidade e meu interesse pelos sonhos, assim como minha compreensão deles, começaram a aumentar durante minha primeira análise, que começou em 1931 com Melanie Klein, por conselho de Ernest Jones. Não raro se vê fazerem a acusação de que as associações de sonhos não faziam parte do trabalho de Melanie Klein, e que ela tentava interpretar os sonhos sem pedir associações. Para mim, sua posição a respeito dos sonhos era a de que a compreensão deles, obtida a partir do conteúdo do sonho – incluindo o encadeamento da associação do sonho ao material atual, inclusive os restos diurnos, e à situação transferencial – podia levar à compreensão das defesas e à reconstrução progressivamente mais compreensível da relação entre o mundo interno da primeira infância e a infância com seu duplo: o mundo externo que se desenvolve, ele próprio, de forma progressiva ao mesmo tempo que o bebê – e, depois, a criança – se desenvolve. Não me lembro de ela negligenciar as associações, mas me recordo muitíssimo bem do seu interesse pela sucessão dos sonhos, pela complexidade do mundo dos sonhos, e da sua *tolerância com o que ainda era obscuro (puzzling)* [grifo de James Gammill]. Quando não só as associações com os sonhos e com os restos diurnos, mas também o material dos sonhos anteriores são utilizados para estabelecer vínculos entre a história da vida e os desenvolvimentos atuais – bem como entre as sucessões de sonhos –, o processo inteiro de ampliação e de aprofundamento do consciente se produz, assim como o controle dos seus afetos e dos seus conteúdos" (tradução de um excerto da p. 257 pelo dr. Anik Maufras du Chatelier).

por razões internas ou externas, não há objeto apropriado disponível para receber essas projeções positivas, talvez se produza no *self* uma espécie de desmoronamento terrível que engendraria angústia. Talvez haja aí o vínculo com a ideia de Freud do recuo do investimento, mas com a possibilidade da destruição passiva do objeto externo e interno, com repercussões inevitáveis sobre o estado da angústia do eu ou outras perturbações, como as psicossomáticas.

Concluindo, desejo prestar homenagem à sra. Klein como docente no campo da psicanálise. As pressões externas da demanda e o prazer em escutar material de análise com crianças e ajudar a encorajar uma nova geração de analistas e psicoterapeutas de crianças fizeram com que, por mais de vinte anos, eu passasse um tempo considerável me dedicando a esse trabalho.

Minha dívida e minha gratidão para com Melanie Klein são muito grandes, pois muitas coisas que senti que podia ensinar aos mais jovens vieram do seu ensino e, em particular, antes de mais nada, do espírito do seu ensinamento.

Referências

Freud, S. (1950). *La naissance de la psychanalyse*, Paris: PUF.
Grosskurth, P. (1990). *Melanie Klein, son monde et son oeuvre, Paris: PUF*. (Trabalho original publicado em 1986)

Melanie Klein: autobiografia comentada

[Grosskurth, P. (1992). *O mundo e a obra de Melanie Klein*. Rio de Janeiro: Imago].

Jones, E. (1969). *La vie et l'oueuvre de Sigmund Freud* (Vol. 3). Paris: PUF. (Trabalho original publicado em 1957).

[Jones, E. (1989). *A vida e a obra de Sigmund Freud* (Vol. 3). Rio de Janeiro: Imago.]

Klein, M (1976). Colloque sur l'analyse d'enfants. In: *Essais de Psychanalyse (1921-1945*, pp.178-211, Paris: Payot (Trabalho original publicado em 1927).

[Klein, M. (1996). Simpósio sobre análise de crianças. In M. Klein, *Amor, culpa e reparação e outros trabalhos: 1921-1945* (Obras completas de Melanie Klein, vol. 1, A. Cardoso, trad., pp. 164-196). Rio de Janeiro: Imago.]

Klein, M. (1981). La technique psychanalytique du jeu: son histoire et sa signification. In: *Psychiatrie de l'enfant*, 24, n.1, pp. 197-221, 1981, PUF. (Trabalho original publicado em 1955).

[Klein, M. (1991a). A técnica psicanalítica através do brincar: sua história e significado. In M. Klein, *Inveja e gratidão e outros trabalhos: 1946-1963* (Obras completas de Melanie Klein, vol. 3, B. Mandelbaum et al., trad., pp. 149-168). Rio de Janeiro: Imago.]

Klein, M. (1968). *Envie et gratitude et autres essais*, pp. 9-95. Paris: Gallimard. (Trabalho original publicado em 1957).

[Klein, M. (1991b). Inveja e gratidão. In M. Klein, *Inveja e gratidão e outros trabalhos: 1946-1963* (Obras completas de Melanie Klein, vol. 3, B. Mandelbaum et al., trad., pp. 205-267). Rio de Janeiro: Imago.]

Klein, M. (1968) Les racines infantiles du monde adulte. In: *Envie et Gratitude et autres essais*, pp.95-119, Paris: Gallimard. (Trabalho original publicado em 1959).

[Klein, M. (1991c). Nosso mundo adulto e suas raízes na infância. In M. Klein, *Inveja e gratidão e outros trabalhos: 1946-1963* (Obras completas de Melanie Klein, vol. 3, B. Mandelbaum et al., trad., pp. 280-297). Rio de Janeiro: Imago.]

Klein, M. (1975). Weaning. In: Love, Guilt and Reparation and Others works, 1921-1945 (The works of Melanie Klein, vol. I), pp. 290-305. London: Hogarth Press. (Trabalho original publicado em 1936)

[Klein, M. (1996a). O desmame. In M. Klein, *Amor, culpa e reparação e outros trabalhos: 1921-1945* (Obras completas de Melanie Klein, vol. 1, A. Cardoso, trad., pp. 330-345). Rio de Janeiro: Imago.]

Klein, M. (1967). Le deuil et ses rapports avec les états maniac-dépressifs. In: *Essais de psychanalyse (1921-1945),* pp.341-370, Paris: Payot. (Trabalho original publicado em 1940).

[Klein, M. (1996b). O luto e suas relações com os estados maníaco--depressivos. In M. Klein, *Amor, culpa e reparação e outros trabalhos: 1921-1945* (Obras completas de Melanie Klein, vol. 1, A. Cardoso, trad., pp. 385-412). Rio de Janeiro: Imago.]

Klein, M. (1976). Contribuition à l'etude de la psychogénèse des états maníaco-dépressifs. In: *Essais de psychanalyse (1921-1945)*, pp. 311-341, Paris: Payot. (Trabalho original publicado em 1935)

[Klein, M. (1996c). Uma contribuição à psicogênese dos estados maníaco-depressivos. In M. Klein, *Amor, culpa e reparação e outros trabalhos: 1921-1945* (Obras completas de Melanie Klein, vol. 1, A. Cardoso, trad., pp. 301-329). Rio de Janeiro: Imago.]

Klein, M. (1959). La psychanalyse des enfants. Paris: PUF. (Trabalho original publicado em 1932)

[Klein, M. (1997). *A psicanálise de crianças* (L. P. Chaves, Trad.). Rio de Janeiro: Imago.]

Klein, M., & Riviere, J. (1968*). L'amour et la haine. Etude psychanalyti-que*. Paris: Payot. (Trabalho original publicado em 1937)

[Klein, M., & Riviere, J. (1975). *Amor, ódio e reparação* (M. H. Senise, Trad.). Rio de Janeiro: Imago.]

Klein, M. (1973). *Psychanalyse d'un enfant*. Paris: Tchou. (Trabalho original publicado em 1961)

[Klein, M. (1994). *Narrativa da análise de uma criança* (Obras completas de Melanie Klein, vol. 4, J. C. Campanha e V. Nobre, trad.). Rio de Janeiro: Imago.]

Meltzer, D. (1971) *Le Processus Psychanalytique*. Paris: Payot. (Trabalho original publicado em 1967)

[Meltzer, D. (1975). *O processo psicanalítico: da criança ao adulto* (W. I. de Oliveira, trad.). Rio de Janeiro: Imago.]

Meltzer, D. (1978). *The Kleinian development*. Perth: Clunie Press.

[Meltzer, D. (1990). *O desenvolvimento kleiniano II: Desenvolvimento clínico de Melanie Klein* (C. Bacchi, trad.). São Paulo: Escuta.]

Scott, W.C.M. (1975) Remembering sleep and dreams. In *International Review of Psycho-Analysis*, vol 2, n.3, pp. 253-354.

Segal, H. (1982). *Melanie Klein. Développement d'une pensée*, Paris: PUF. (Trabalho original publicado em 1979)

[Segal, H. (1983). *As idéias de Melanie Klein*. São Paulo: Cultrix/Editora da Universidade de São Paulo.]

Cronologia

1882 – Nascimento de Melanie Reizes no dia 30 de março em Viena.

1886 – Falecimento de Sidonie Reizes (irmã).

1900 – Falecimento de Moriz Reizes (pai).

1902 – Falecimento de Emanuel Reizes (irmão).

1903 – Casamento com Arthur Klein.

1904 – Nascimento de Melitta (primeira filha).

1907 – Nascimento de Hans (segundo filho).

1909 – Mudança para Budapeste.

1914 – Nascimento de Eric (terceiro filho) e falecimento de Libussa Deutsch (mãe).

1919 – Qualificação como membro da Sociedade Psicanalítica Húngara, com a apresentação do trabalho *O romance familiar em* statu nascendi.

1921 – Mudança para Berlim e publicação do primeiro artigo, "O desenvolvimento de uma criança".

1925 – Falecimento de Karl Abraham e convite de Ernest Jones para ciclo de palestras em Londres.

1926 – Mudança definitiva para Londres.

1932 – Publicação do livro *A psicanálise de crianças*.

1934 – Falecimento de Hans, segundo filho de Melanie Klein.

1935 – Publicação do artigo "Uma contribuição à psicogênese dos estados maníaco-depressivos" e introdução do conceito de "posição depressiva".

1937 – Publicação do livro *Amor, ódio e reparação*, com Joan Riviere.

1938 – Chegada da família Freud a Londres e ingresso de psicanalistas vienenses na Sociedade Britânica de Psicanálise.

1940 – Falecimento de Emilie Pick (irmã).

1941-45 – Período das "Discussões Controversas" e acirramento do antagonismo entre Melanie Klein e Anna Freud, levando à divisão dos grupos no Instituto de Formação londrino.

1946 – Publicação de "Notas sobre alguns mecanismos esquizoides" e introdução dos conceitos de "posição esquizoparanoide" e "identificação projetiva".

1952 – Publicação do livro *Os progressos da psicanálise*, coletânea com artigos de Melanie Klein e colaboradores.

1955 – Publicação do livro *Novas tendências na psicanálise*, coletânea com artigos de Melanie Klein e colaboradores.

1957 – Publicação do livro *Inveja e gratidão*.

1960 – Falecimento de Melanie Klein, no dia 22 de setembro, em Londres.

1961 – Publicação póstuma do livro *Narrativa da análise de uma criança*.

GRÁFICA PAYM
Tel. [11] 4392-3344
paym@graficapaym.com.br